Hanna-Barbara Gerl
Nach dem Jahrhundert der Wölfe

Hanna-Barbara Gerl

Nach dem Jahrhundert der Wölfe

Werte im Aufbruch

BENZIGER

Die Deutsche Bibliothek – CIP-Einheitsaufnahme

Gerl, Hanna-Barbara:
Nach dem Jahrhundert der Wölfe : Werte im Aufbruch /
Hanna-Barbara Gerl. – Zürich : Benziger, 1992
ISBN 3-545-24104-1

Umschlaggestaltung: Bärbel Rahdes
ISBN 3-545-24104-1

Inhalt

»Wem sonst als Dir.«

Für Yury
(1929–1992)

Zur Idee des Buches

Es war Nadeshda Mandelstam, die im Rückblick auf ihre Generation den Ausdruck prägte vom «Jahrhundert der Wölfe». Trotz dieser schlimmen, für Unzählige tödlichen Erfahrungen ist aber unsere Generation nicht klar über ihren Weg. Die Sinnleere findet ihre Antworten auch kaum aus dem vorangegangenen Versagen. Zertrümmerung und Zerfall der Werte, Trauer über das Zerstörte setzen nicht automatisch das jetzt Tragsame frei. Im Gegenteil: Die Gegenwart ist keineswegs gefeit gegen andere Irrwege. Die Suchbewegung nach neuen Inhalten ist sich ihrer selbst nicht sicher, was um so mehr von Gewicht ist, als vermutlich die nächsten Jahre die Vorgabe leisten zu neuem Gedeih oder Verderb.

In diesen Aufbruch stößt das Buch vor. Es sucht eine deutliche Auseinandersetzung mit Zeitströmungen und scheut den Widerspruch nicht, dem es eigene Entwürfe und ein Weiterdenken entgegenhält. Zwischen mancherlei Ideologien der Gegenwart und einer zögerlich-unklaren christlichen Defensive werden Klärungen des Sehens und Denkens versucht – im vollen Bewußtsein, zwischen mehrere Feuer zu geraten. Dazu sind die Themen naturgemäß angetan: Einsprüche gegen den leeren Kulturbegriff und die Abdrängung des Christentums in eine zahnlose postchristliche Postmoderne. Oder: Die wirkliche, nicht nur resignierte Ablösung von den wölfischen braunen wie roten «Werten» des Jahrhunderts. Wie tief, unter welchen Zielfragen muß die dort verratene Menschlichkeit neu buchstabiert werden, ohne in einen lügnerischen Wortschatz und eine ausgelebte Selbstherrlichkeit zurückzugleiten? Oder: Die Frauenfrage, die zur Jahrhundertfrage geworden ist – genügen doch längst schon die gutgemeinten Aussagen selbst der Aufklärung nicht mehr, die den weiblichen Efeu sich um die männliche Eiche winden sah. Die Frauenfrage steht vielmehr heute am Scheideweg der bloßen, endlich durchgekämpften Gleichheit und einem neu geahnten, aber keineswegs nach rückwärts gerichteten Ausblick: «Es lebe doch der Unterschied!» Dieses neuerdings wieder formulierbare «Glück, eine Frau zu sein» braucht aber mehr Stützpunkte im gelebten Alltag als eine hohl bleibende Selbstverwirklichung. Unter anderem muß eine Antwort gefunden werden auf das dauernd geforderte Sich-Abhandenkommen – läßt sich die Hingabe üben, ohne in Preisgabe abzurutschen? Eine Frage, die übrigens für beide Geschlechter zur Lösung ansteht. Und haben die Frauen auch für die Kirche noch Antworten parat, die über das Beleidigtsein hinausreichen? Ist die Klagemauer wirklich der Ort der Veränderung oder läßt sich die genuine Mitsprache im innersten Raum der Kirche doch (wieder) vollziehen? Dann zusammenhängend mit demselben Frageknäuel: der «Klerikerstreit» mit seinem Selbstmitleid, mitleidlos von einer Ehefrau aus gesehen – wieviel Irrtum besteht eigentlich über die Ungelöstheit der Triebwelt, wieviel (Er)Lösung braucht auch das Zusammenleben und erst recht das Geschlecht? Wie in allen lebendigen Äußerungen treffen hier ein Ja und ein Nein aufeinander, wenn die schwierige «Ergänzung» auch nur einigermaßen gelingen soll. Schließlich im logischen Weiterdenken der vielen andrängenden Fragen: der «Umbau» der Gottesbilder. Die religiöse Sprache wirft heute alte Schlangenhäute unversehens ab und steht in neuer Haut da – indem die zu engen Bilder Gottes beklagt werden und nun die «Mutter» gegen den «Vater» antritt. Auch hier geht es haarscharf um eine Balance, die nicht von sich aus glücken muß. Denn das Gottesbild läßt sich weder verteidigend «festhalten» noch angriffslustig «weiten»: In solcher Nutzung liegt immer schon Beschneidung, Blickwinkel, und zwar der krumme Blick, der vom Interesse gekrümmt ist. Statt die nächsten Blockaden vorzubereiten, ginge es aber darum zu zeigen, wie die so frei und vielfältig aufsteigenden biblischen Bilder, ob mütterlich, ob väterlich, in ihrer Souveränität dem augenblicklich Modischen voraus sind.

Daß hier keine Scheu vor Reizworten und eigener Stellungnahme besteht, gründet nicht auf Überheblichkeit. Die vielfältigen und doch konzentrischen Überlegungen entspringen einer Suche, die freilich eine Vorgabe anerkennt: die Schulung des eigenen Denkvermögens am Christentum und an seinen leider gut verdeckten Quellen.

München, 19. Mai 1992 *Hanna Barbara Gerl*

Kultur des Wohlstands. Wider eine unchristliche Verwirrung

«Ist doch die Politik ihrerseits nichts Isoliertes, sondern steht in hundert Bezügen, mit denen sie ein Ganzes und Untrennbares an Gesinnung, Glauben und Willensmeinung bildet. Sie ist in allem Übrigen enthalten und gebunden, im Sittlichen, Ästhetischen, scheinbar nur Geistigen und Philosophischen.»

Thomas Mann, Lotte in Weimar

Merkwürdigkeiten der Gegenwart

Zum Einstand ein selbsterlebtes Beispiel: Ein heiterer Sonntagmorgen, jedes Geschöpf freut sich seines Schöpfers. Im Frühgottesdienst viele freizeitgestimmte Leute; die Predigt prangert die «Wohlstandsverfettung» an. «Christentum ist für die Entrechteten und Verachteten, die auf der Rückseite des Lebens stehen.» Die Pensionäre, gut gekleidet und nicht genau auf der Rückseite des Lebens, ziehen die Köpfe ein. Vielleicht erinnern sich die meisten an die zwei Weltkriege, wo sie – unfreiwillig – in den Reihen der Hungernden und Entmündigten standen; vielleicht versuchen sie auch vergeblich, sich an das vom Prediger gepriesene «Glück der Armen» zu erinnern?

Solche unscharfen Predigten, die in letzter Zeit eigentümlich zunehmen, haben einen Grundbegriff verunklart, der im Umfeld des jüdisch-christlichen Denkens entwickelt wurde und die Dynamik der sozialen Entwicklung führend antrieb. Dies hat ihn aber nicht davor bewahrt, wie so manch andere Begriffe gegenwärtig in eine eigentümliche

Zweideutigkeit, ja in ein schiefes Licht zu geraten. So kann man das Wort «Wohlstand» in manchen christlichen Zirkeln nur in Anführungszeichen verwenden, immer auf der Hut, nicht als Parteigänger bourgeoiser Sattheit zu gelten. Zugleich platzen freilich die Briefkästen vor den Bitten kirchlicher Wohltätigkeitsorganisationen um endlose finanzielle Hilfe für irgendwelche Projekte. Man kann sich fragen, an wen solche Bitten eigentlich adressiert werden können, wenn das Konzept gleichverteilter Armut einmal aufginge...

Was als Bodensatz der erwähnten unterschwelligen und unklaren Vorwürfe bleibt, läßt sich, rational weitergedacht, in die konsequenten Fragen kleiden: Haben die Armen und Unterdrückten einen uneinholbaren religiösen Vorsprung und damit Vorsprung an Sinn und innerer Haltung? Bringen die Hungersysteme die wahren Kinder des Geistes hervor? Und die Konzentrationslager die Literaten, Künstler, Denker, auf die es wirklich ankommt? Freier Wuchs, menschlich-reiche Entfaltung, kultiviertes Genießen, ein noch so geringer Überfluß: lauert darin nicht schon die Selbstherrlichkeit? Dieses Fragen läßt sich vielfältig abwandeln, das Erlebnis bleibt immer gleich niederschmetternd: Wohlstand als die vermeintliche Rosenhecke, unter deren wirklichen Dornen aber jeder gute Same erstickt. Um die Gefahren aber auch dem Naivsten verständlich zu machen, bietet sich das Schlagwort vom *Konsumismus* an, mit seiner schrecklichen, weil den Opfern unbewußten Steigerung bis zum *Konsumterror*. Die «neuen Länder» des Ostens werden vor dieser Pest von vielen Christen gewarnt; letzthin erging auch eine Mahnung an Polen, nur nicht dem anrollenden Konsumismus des Westens aufzusitzen – wobei Polen gerade erst die Armutsgrenze einigermaßen überwindet.

Hier tut dringend eine Unterscheidung und, mehr als das, eine Erinnerung an den ursprünglichen Horizont von Judentum und Christentum not, nicht zuletzt, weil diese Erinnerung unmittelbare politische Folgen hat. Denn tief verankert kommt ein altes Gefühl hoch, das schon die Gnostiker gerne pflegten; eine seiner Fassungen heißt: Sattsein und Geist schließen einander aus. Als Ressentiment ist dieses Gefühl deswegen so schwer zu entwurzeln, weil es scheinbar mit dem Evangelium übereinstimmt, mit den Worten von der Seligkeit der Armut und dem Reich «nicht von dieser Welt». Vor dem Hintergrund dieser Worte tut sich ein ältester ideologischer Kampfplatz auf, der die Christen und ihre gesellschaftlichen Zielsetzungen heute wieder in einem unfruchtbaren, ja kontraproduktiven Streit hält. Grob skizziert gab und gibt es zwei verwandte Mißverständnisse, die sich deswegen so lange halten, weil sie hart an einem richtigen Gedanken entlangbalancieren.

Das eine Mißverständnis: Es stünden sich eine reinlich innerliche Gottesherrschaft und eine davon unberührte, ja unberührbare Welt gegenüber; das Unbedingte vertrage sich nicht mit dem Bedingten, Kompromisse seien «faul». Ins Politische umgesetzt: Armut produzierende Systeme sind zwar schlecht, aber auf vertrackte Weise wird dort das Christentum ursprünglicher, überzeugender gelebt: im erzwungenen Leiden, im erzwungenen Ausschluß vom Reichtum. Demokratische Wohlfahrtsstaaten sind zwar besser, aber auf vertrackte Weise wird hier das Christentum verwässert, weil angepaßt. Dort die ohnmächtige, aber innerlich freie und reine (wenn auch sehr kleine) Herde, hier das äußerlich freie, innerlich korrumpierte Genußchristentum. Der brasilianische Befreiungstheologe *Leonardo Boff*, ein Franziskaner, befand nach der Rückkehr von einer Reise durch die Sowjetunion vor einigen Jahren, er habe dort das Christentum gerade wegen der überall herrschenden Armut strukturell verwirklicht gefunden.

Das zweite Mißverständnis: Leibliche und seelische Armut sei einfach (oder ungefähr) schon das, was seliggepriesen wird; bestimmte Tatsachen und Haltungen: Mangel woran immer, Leere, Depression, Unfreiheit, Unbildung, Abhängigkeit seien als solche die Voraussetzung für Gottes Fülle. «Not lehrt beten.» Nur mit dem Rücken an der Wand schreit – angeblich – die menschliche Seele wirklich zu Gott; nur den Armen und Verzweifelten hört er wirklich – angeblich. Radikale Mystizismen verstärken dies noch, ebenfalls unterschwellig und nicht wirklich geklärt: Nur wo ich *nichts* bin, kann Gott *alles* sein. Armut bis auf die Knochen zwingt *seinen* Reichtum herbei. Solche Askese verfällt einem verführerischen Abweg der Gottesbegegnung: der Lust an der Selbstauslöschung.

In beiden Fällen mischt sich wenig Richtiges mit viel Verquerem. Im ersten Fall: die politische Enthaltsamkeit von Reichtum (= Macht) sei gut; Christentum als gesellschaftliche Größe müsse schlechthin Ohnmacht zeigen, Armut leben, im inneren Exil bleiben. «Wider das Geld und die Macht!» ist ein immer wieder gehörter «gesellschaftspolitischer» Ruf derer, die sich als «christliche Linke» verstehen und häufig unbedarfte Nachsager finden. Im zweiten Fall: Auch der Christ als einzelner müsse in Anbetracht des höchsten Gutes die zweitrangigen Güter nur verachten, die selbstverneinenden Werte suchen, ein «Armutszeugnis» geben (durchaus im Doppelsinn des Wortes). Diese vagen Empfindungen beherrschen auch die Meditationen; solch Gutgemeintes sei *wörtlich* zitiert, um den eigentümlichen Tenor ins Ohr zu bekommen: «Reich sind wir – Wohlstandsgesellschaft! Unsere Hände – gierig raffen sie. Unsere Sinne – überreizt reagieren sie. Unser Herz – ruhelos schwirrt es umher. ‹Süchtig und gottlos sind wir›... Ekel erfaßt uns ob unserer Süchtigkeit, unseres Überflusses an nichtigen Dingen, unserer Sattheit und Stumpfheit... Du allein bist das wesentliche Brot, du allein der wahre Trank.»

Ob gesellschaftliche oder persönliche «Armut» des Christen, beides hält dem Not-Wendigen nicht stand, beides kommt nicht auf den Grund des Evangeliums, sondern hat sich zu einer handfesten und übrigens durchsichtigen Ideologie ausgeformt. Zunächst einfach kraft der Erfahrung: Stand es denn wirklich um die Sache des Christentums besser im Nationalsozialismus und in den anderen Sozialismen, als kein öffentlich-politisches Wirken von Christen mehr möglich war? Sind in den schweren Leiden, die in diesen Systemen bis zum heutigen Tag ausgelöst werden, die Gottesnähe oder einfach die Kultur («der wahre Hunger») proportional gewachsen? Sind nicht vielmehr der Glaube und die kulturelle Kraft ganzer Generationen verlorengegangen, wirksam ausgelöscht worden? Oder für den einzelnen formuliert: Falls Not beten lehrt, so lautet die Wahrheit von der anderen Seite: Not lehrt auch fluchen, auch hassen, sogar morden. Armut und Unfreiheit zwingen nicht von selbst zur Gottesfurcht; sie halten gekrümmt, mehr noch seelisch gekrümmt. «Arm, aber reinlich», war die Devise der Dienstmädchen des 19. Jahrhunderts, genauer gesagt ihrer Dienstherrn, die die Unterwürfigkeit, das Geduckte der Armut sehr wohl ins Kalkül setzten.

Ein prüfender Blick auf die Vergangenheit

Um das Zwielicht der Begriffe zu klären, sei zunächst angeknüpft an Erfahrungen der Geschichte. Wie viele gegenwärtig andrängende Fragen, die das Christentum noch nicht bis in die Tiefe gelöst hat (man denke nur an die Frauenfrage), stammt jene nach dem recht verwalteten und gebrauchten Wohlstand aus einer sehr kurzen allgemeinen Erfahrung. In jeder Kultur gab und gibt es Reiche, die in einem herausragenden und beneideten Maße mehr und anders leben konnten als der Durchschnitt der Bevölkerung; die Pharaonen,

Großmogule, Wesire, Mandarine, Maharadschas, Kremlherren aller Zeiten bildeten die immer vorhandene, schmale Luxusschicht über der armen Masse. Nur die letzten drei Generationen, und diese nur in bestimmten Ländern unter demokratischen Strukturen, kennen einen erheblichen *durchschnittlichen Wohlstand für alle*, der noch dazu stark sozial abgesichert ist. Diese Entwicklung ist welthistorisch unvergleichlich, ein winziger Ausschnitt aus dem Horizont der Menschheitsgeschichte. Noch vor hundert Jahren gab es Hungertote, in der Folge des Ersten Weltkrieges auch in unseren Breiten; das Massenelend im Zuge der Weltwirtschaftskrise meinte in den dreißiger Jahren wirkliche Not. Was das letzte Jahrhundert betrifft: *Bettina Brentano* bat in ihrem *«Königsbuch»* (1843/1852) für die hungernde Bevölkerung vor Hamburgs Toren um die Gunst, wenigstens betteln zu dürfen. Noch im viktorianischen England der Schwestern *Brontë* und des *Charles Dickens*, die das Massenelend scharf nachzeichneten, wurden erwachsene und kindliche Brotdiebe, die aus Hunger gestohlen hatten, mit Verschickung nach Australien bestraft; *Andersens «Mädchen mit den Schwefelhölzern»* verhungert und erfriert in einer kalten Weihnacht. Erzwungen wurden auch die «Tugenden» der Armen: Ehrlichkeit, Ordnung, Sauberkeit, Pünktlichkeit gegen die Obrigkeit...

Der jetzige Wohlstand hat diese «Tugenden» verändert. Unschwer Erreichbares, ja Überfluß wird leicht zum Überflüssigen; dies zu bestehen, braucht es andere Kräfte: Unterscheidung, Wählenkönnen, Zielkenntnis, Selbstbeherrschung, eine Ethik des Besseren, also Reife. Diese wird zweifellos nicht immer aufgebracht, im Gegenteil, verhindert, in der Hauptsache durch das «man tut, man hat, man trägt...», also durch die eigene Herdenseele (die übrigens von den Medien kräftig genährt wird). Trotz dieses offensichtlichen Schwachpunkts im Gebrauch des Wohlstands kann aber nicht der Wohlstand selbst, nämlich die ebenso offenkundig steigende Lebensqualität, für unmoralisch gehalten werden.

Dazu noch eine nachdenkenswerte Beobachtung. Konsumismus, der Überfluß an Gütern, war ursprünglich eine Verheißung oder besser eine Vision von *Marx*: Wenn die Umwandlung der Gesellschaft geschehen sei, könne jeder nach seinem Gutdünken aus dem Vollen schöpfen. Das Schlagwort Konsumismus war also gerade im sozialistischen Experiment als Endziel gemeint, bedeutete es doch das künftige Füllhorn, für das sich übergangsweise zu darben lohne. Erst als in den sechziger Jahren die Mängel des Systems jenseits jeder Reparaturmöglichkeit anwuchsen, der Klassenfeind jedoch seinerseits nach dem Füllhorn griff, wurde dieser Gestus plötzlich, in einer der geschickten Sprachregelungen, als des Teufels ausgegeben. Die selbstverständlich begehrten Trauben waren sauer geworden... Und so kam es zu dem großen Paradox, daß zum ersten Mal, als nicht nur eine Handvoll Privilegierter und die zeitgenössischen Wandlitz-Bonzen, sondern *alle* ein Leben führten, in dem nicht jeder Pfennig zweimal umgedreht, nicht bis zur Erschöpfung gearbeitet werden mußte, plötzlich die Kritiker die moralische Verwerflichkeit dieses Zustandes aufspießten – Kritiker, die ihrerseits an ihrer Kritik gut verdienten, mehr noch, sich als Vordenker anspruchsvoller Ethik verstanden. Die Tragödie des reichen Mannes wurde beschworen, der «nicht genug Bedürfnisse für seine Mittel hat» (*George Bernard Shaw*).

Der jüdisch-christliche Entwurf

Auch Teile der Kirche schlossen sich der eigentümlichen Sehweise an. Durchschlagend wurde die Verwirrung der Geister für die Allgemeinheit, als nun das «christliche Ideal» der Armut und Genügsamkeit plötzlich in Breite in Gefahr schien und ein schlechtes Gewissen das Gewonnene zu begleiten begann. Wohlgemerkt: Es war dabei nicht die Rede vom *Mißbrauch* des Wohlstandes, von den Rückseiten des Überflusses, etwa der Umweltbelastung, sondern von Besitz, von der finanziellen Unabhängigkeit überhaupt, vom *Haben* als schlechte Alternative zum *Sein*, von der Unmenschlichkeit des Geldes.

Um so mehr tut das Eindringen in die wirkliche, nicht gnostisch verunstaltete Botschaft der beiden Testamente not, und in der Tat zeigt sich dem suchenden Blick Wichtiges und Differenziertes. So zählt das *Alte Testament* Reichtum grundsätzlich zu den Gaben Gottes, Armut zu den Prüfungen oder zu eigenem schuldhaften Versagen. Das siebte, neunte und zehnte Gebot schützen das Eigentum. Abraham und sein Neffe Lot werden als sehr reich an Land, Gold, Silber und Vieh vorgestellt (Mose 13,2). Im *Buch der Sprüche*, welches der Jugend Lebensklugheit und die generationenalte Überlieferung einschärft, bringt selbst die Weisheit, die höchste geistige Haltung, nicht nur unsichtbare Güter, sondern unmittelbar Sichtbares mit sich: «Langes Leben ist in ihrer Rechten, in ihrer Linken Reichtum und Ehre. Ihre Wege sind Wege der Wonne, und all ihre Pfade sind Wohlfahrt.» (3,16) Sie verheißt mit Selbstverständlichkeit: «Reichtum und Ehre sind bei mir, stattliches Gut und gerechter Lohn.» (8,18) – «Der Lohn für Demut und Gottesfurcht ist Reichtum, Ehre und Leben.» (22,4) – «Die Faulen ermangeln der Güter, die Fleißigen aber gewinnen Reichtum.» (11,16) Oder lange vor den ‹*Fabeln*› von *La Fontaine*: «Geh hin zur Ameise, du Fauler, betrachte ihre Weise, damit du klug wirst... Wie lange, du Fauler, willst du noch liegen? Wann willst du aufstehen von deinem Schlafe? ‹Noch ein bißchen schlafen, ein bißchen schlummern, ein bißchen die Hände übereinanderlegen im Bett› – da kommt über dich wie ein Räuber die Armut, der Mangel wie ein gewappneter Mann.» (6,6–11)

Neben diesem eindeutigen weisheitsvollen Gutheißen der Gaben Gottes und des eigenen Fleißes hat das Alte Testament die soziale Verpflichtung des Reichen für den (noch) nicht Wohlhabenden ausgeprägt. Dies aber nicht aus einer romantischen Verklärung der Armut oder aus schlechtem Gewissen, sondern wiederum aus einem göttlichen Gebot heraus, das den Schwächeren, über dessen Schwäche uns kein Urteil zusteht, mitzuziehen befiehlt. Es sollen also nicht alle arm, sondern alle reich werden. Eben aus diesem Grund ist übrigens die Verweigerung des gerechten Lohnes, die den anderen künstlich arm hält, eine himmelschreiende Sünde. Nur im Darbenlassen des anderen wird Reichtum Sünde, keineswegs *per se*. «Besser wenig mit Gerechtigkeit als großes Einkommen mit Unrecht.» (16,8) «Reichtum hilft nicht am Tage des Zorns, Gerechtigkeit aber errettet vom Tode.» (11,4) Von dieser negativen Spielart abgesehen, wo dem Armen der Besitz *vorenthalten* wird, verhilft Besitz selbst zur Gerechtigkeit, da er das Leben für sich und andere fördert.

So hat das Judentum in großer Nonchalance, oder besser, mit *common sense*, den Wohlstand als soziales Medium gesehen und gerade aus religiöser Hinsicht geschätzt. Individualethik wird deutlich auf Gruppenethik verpflichtet. Steuern und Abgaben, die im antiken Judentum recht hoch waren, umfaßten auch einen Zehnten für die Armen; im 50. Jahr wurde der Grundbesitz neu und egalitär verteilt, um jedem denselben Start zu ermöglichen. Dies hatte den Sinn, tatsächlich eine Vorform des «Wohlstands für alle» soweit wie möglich zu verordnen und mit den damaligen Regulativen der Gesellschaft auch religiös zu erzwingen. Es kann also keine Rede davon sein, daß die Armut im Alten Testament als Wert in sich selbst gesehen war, im Gegenteil. Sie galt als soziale Belastung, der die ganze Gemeinschaft nachzuhelfen hatte. «Solange noch Leben und Atem in dir ist, mach dich von niemandem abhängig. Übergib keinem dein Vermögen, sonst mußt du ihn wieder darum bitten. Besser ist es, daß deine Söhne dich bitten müssen, als daß du auf die Hände deiner Söhne schauen mußt. Wenn deine Lebenstage gezählt sind, an deinem Todestag verteile das Erbe!» (Jesus Sirach 33,21–24)

Fazit: Das Alte Testament hat eine strikte Sozialethik auf der Grundvision eines Wohlstands für alle Mitglieder der Gemeinschaft ausgebildet, ja es hat das blühende Gemeinwesen als sichtbare Huld Gottes aufgefaßt. Die Wohlhabenden hatten ihren Besitz für die anderen mitzuverwalten und standen dadurch in einer geehrten und religiös angesehenen öffentlichen Aufgabe.

Wie fügt sich dazu aber das *Neue Testament* mit den mehrfachen Versicherungen Jesu, die Reichen würden nur schwer in das Himmelreich eingehen? Oder mit der wiederholten Forderung, alles zu verlassen, um ihm nachzufolgen, wie in der Begegnung mit dem reichen Jüngling (Mt 19,16 ff.), oder in der Bergpredigt mit der Seligpreisung der Armen? Und die Armutsbewegungen der christlichen Kirche, am bekanntesten jene des *Franziskus von Assisi*, aber auch überhaupt die klassischen Ordensregeln setzen Armut als Kennzeichen der Nachfolge des «radikalen» Christen an – Franz personifiziert die «Frau Armut» sogar als seine Braut. (Freilich ist sofort hinzuzufügen, daß eine Reihe von Armutsbewegungen als häretisch galten, eben weil sie das «normale» gemeinschaftliche Leben verunmöglichten und herabsetzten.)

Liest man die Aussagen Jesu genau, so wird in der Tat ein Unterschied zum Alten Testament deutlich. Er will mit der Rede von Armut und Reichtum den Egoismus, die vordergründige Spenderroutine, den hochmütigen und überheblichen Gestus des *einzelnen* treffen. Jesus zielt auf eine höhere, nicht verordnete *Individualethik* seiner Jünger, nicht auf die *Sozialethik* einer Gesamtheit, die für ihre Mitglieder einstehen muß. «Ihr könnt nicht beiden dienen, Gott und dem Mammon» (Mt 6,24; Lk 12,13–21). So geht es in der Bergpredigt um die innere Klärung des einzelnen über seine Motive, nicht um die Verwerfung einer Gruppenethik. Drastisch ausgedrückt: Geht es mir mit meiner Gabe um ein großes religiöses «Bruttosozialprodukt» in aller Öffentlichkeit – klassisch als «Heuchelei» gekennzeichnet – oder um die reine, selbstlose Hingabe, die sich in der kleinen Münze der besitzlosen Frau beim Tempelopfer ausdrückte? Also um die innere Haltung des absoluten Freiseins für das, was in der Bildsprache «Reich Gottes» heißt? Davon gänzlich zu unterscheiden ist jenes Gleichmaß sozialen Wohlstands, welches das irdische Leben erfordert. Auch Jesus und seine Jüngerkreise (Männer wie Frauen, die ihn begleiteten) nahmen die Unterstützung von begüterten Freunden, etwa den Geschwistern in Bethanien, in Anspruch, ja verfügten in Maßen über Geld für den täglichen Bedarf (Lk 8: *Johanna von Chusa* brachte ihr Vermögen in die Gruppe ein, ganz zu schweigen von der Geldverwaltung des *Judas Ischariot*). Es wird auch oft vergessen, daß Jesus das Medium Geld zweckhaft bestimmt, also seine Einordnung vom Ziel her festlegt, wie im Gleichnis vom betrügerisch-klugen Verwalter: «Macht euch also Freunde mit dem ungerechten Mammon...» Auch das Gleichnis vom Wuchern mit den Talenten (Mt 25,14ff.; Lk 19,11–27) nimmt die Geldsphäre und ihre Rationalität als Symbol für Rechtgetanes; der verlorene Sohn zeigt seine Verlorenheit im Verschleudern des väterlichen Vermögens (Lk 15,11–32).

Im Hintergrund der Armutsworte Jesu steht daher nicht der Angriff auf das Geld als solches und auf die staatliche, politische Sorgfaltspflicht für das Wohlergehen des Volkes.

Nur: Gerade der religiöse Mensch kann diese Zielsetzung nicht «automatisch» und tendenziell selbstgerecht mit dem regelmäßigen «Zehnten» abspeisen. Unter der Gruppenethik wächst und verhärtet sich gerne ein triebhafter, religiös versicherter Egoismus. (Kohelet 5,9 und 11: «Wer das Geld liebt, bekommt vom Geld nie genug; wer den Luxus liebt, hat nie genug Einnahmen. Dem Reichen raubt sein voller Bauch den Schlaf.») Hier spielt sich die Rede Jesu ab, in der Aufforderung zur *magnanimitas*, zur rückhaltlosen, aber verborgenen Großmut. Sie kann *im Einzelfalle* so weit gehen, daß das normale Gesetz irdischer Existenz, das der Vorsorge bedarf, *um des Reiches Gottes willen*, sonst aber aus keinem anderen Grunde, aufgehoben werden darf. *Und Vorsorge darf nicht für die mir Anvertrauten, sondern nur für mich selbst, aus meiner eigenen freien Wahl, aufgehoben werden.* Diese Selbstbeschränkung in der Armut ist ausschließlich meine Sache, und sie ruht übrigens auf der wichtigen und unaufhebbaren Tatsache auf, daß ich dann der Sorge der Gemeinschaft, ihrem Haben, mit anvertraut bin. Armut kann also keineswegs in der Selbstgerechtigkeit des Auserwählten münden, sondern umgekehrt in der Demut, sich von allen anderen mittragen zu lassen.

Geschmack an den Gütern

Es wäre heute an der Zeit, eine christliche Kultur des Wohlstands zu entwickeln, einen christlichen Geschmack an den Gütern dieser Erde – für möglichst viele, ja für alle. Wenn das Christentum auf der Seite der Armen und Entrechteten steht, dann doch in der Weise, daß es Armut und Unfreiheit aufhebt, mindestens mildert. Es ist eine falsche Logik, die Nicht-mehr-Armen, die Befreiten mit dem Verdacht zu belegen, sie marschierten in der Gegenrichtung des Menschlichen – pauschal im System und auch als einzelne... Nur wer reich ist, hat nichts gegen das Armwerden. Sonst handelt es sich um sklavische Armut, sklavische Mundlosigkeit und nicht um eine christliche Haltung. Wohlstand, Kultur, Selbstbestimmung und freier Wuchs sind nicht als solche von der «Welt» und immer schon widerchristlich. Gerade sie gehören als Gaben begriffen, um die vielerlei zwanghaften Perversionen des Lebens zu lösen, des eigenen sowohl wie unzähliger fremder Leben. Nur die selbstgewählte, von mir für mich *und für niemanden sonst* gewählte Armut kann schaffen, was das Neue Testament die Freiheit der Kinder Gottes nennt. Und selbst noch hier wartet ein Doppelgesicht: Askese als subtile Form der Selbstbestätigung, oder Askese als Training und Offenhalten. Wofür? Wenn schon Franziskus, dann der ganze: Es wird sehr harmlos kolportiert, er habe die Armut um ihrer selbst willen geliebt. Er liebte sie nach seinen eigenen Worten um der Schätze willen, die sie bereit halte. Freilich «innere» Schätze. Aber selbst darin zeigt sich, daß Armut kein Lebensprogramm und erst recht nicht ein politisches Programm sein kann.

Nach dem «Jahrhundert der Wölfe». Am Horizont: Künftige Werte

«Unterrichtet eure Kinder in dem, was sie nie begreifen werden.»

Griechisch

Die Spatzen pfeifen es von den Dächern: Wir leben in einer Zeit des Umbaus, manche sagen: des Verfalls der Werte. Genauer: Die gewohnten Werte scheinen nicht mehr zu tragen; Erdbeben liegen hinter uns. Um es dingfest zu machen: 1978 legte die Allensbacher Meinungsforscherin *Elisabeth Noelle-Neumann* eine Arbeit vor: *«Werden wir alle Proletarier?»* mit dem Untertitel *«Wertewandel in unserer Gesellschaft»*. Regelmäßige Meinungsumfragen hierzulande seit 1967 hatten gezeigt, daß sich seitdem die Haupt«tugenden» verschoben, um nicht zu sagen ausgetauscht hatten: Statt Sparsamkeit, Ordnung, Disziplin, Genügsamkeit, Arbeitsfreude stünden nun lustbetonte, eher passive Haltungen oder Zustände in der ersten Wahl, etwa Genuß, Liebe, Freizeit, Selbstwert, Selbstand, Geld, Bildung, Schönheit, Gesundheit, Frieden, Besitz, Geliebtsein. Oder, von der Frauendiskussion her bekannt: Statt Selbstlosigkeit («Das Wesen der Frau ist Hingabe») übt heute zweifelsohne Selbstverwirklichung den eigentlichen Reiz aus. Auch die Wertestudie von 1981 gibt zu denken, daß deutsche Jugendliche – im Unterschied zu ihren amerikanischen Altersgenossen – die Lebenseinstellungen ihrer Eltern nicht mehr übernehmen wollen: Nur 39% der Jugendlichen (69% in USA) stimmen mit den Eltern in religiösen Fragen überein, nur 14% (43% in USA) in sexuellen Fragen, 38% (77% in USA) in Fragen der Moral. Landauf landab hat die Suche nach einer neuen, tieferen Ethik begonnen: Worauf kann man sich selbst, die eigenen Kinder, die Nachbarn, das eigene Volk, Europa, die Religionen, die Menschheit noch gemeinsam verpflichten? Welche Werte sind denn (noch) unangetastet? Welche Werte sind vordringlich zu fördern, zur Balance der anderen einzusetzen? Und gibt es eine Art Rang unter ihnen, was zu Ende gedacht heißt: Gibt es einen Maßstab, der die vielfältigen Werte aus dem Zufällig-Subjektiven, aus dem bloß Modischen, ja aus dem Ideologischen herausholt?

Solche Fragen sind noch abstrakt; wenn wir sie in der Geschichte verwurzeln, so finden sie möglicherweise eine Lösung. Denn das 20. Jahrhundert zeigt aufeinanderprallende «Werte» ganzer politischer Systeme und Gesellschaften, folglich auch der davon geprägten einzelnen – als wäre die Welt tatsächlich in verschiedene Hälften und Denkweisen zerfallen. Noch die Gegenwart zeigt diese Tatsache selten eindringlich; die letzten 80 Jahre tauen ja gerade schmerzhaft aus dem gefrorenen Zustand auf und enthüllen scharf und noch unüberbrückt ihre verschiedenen «Wertsprachen». Gedrängt sei ein *geschichtlicher Zusammenhang* entrollt, der – ein wenig gespenstisch – alt und doch heute unmittelbar wirksam ist.

Der Unheilshorizont

Bekanntlich wurde unser Jahrhundert anfangs mit größten Hoffnungen begrüßt: als Triumph säkularer Wissenschaft und sozialer Gerechtigkeit. Es sah aus, als käme das Jahrhundert der erfüllten Menschlichkeit, voll Stolz auf die europäische Zivilisation, den durchgesetzten Humanismus. Seine Werte hießen: Fortschritt, Aufklärung, Bildung, Autonomie des Menschen, stetig unaufhaltsamer Aufbau einer neuen Menschheit.

Dann nahm dieses paradiesische Bild rasch schreckliche Züge an: Das bisher bekannte Europa brach im Ersten Weltkrieg gnadenlos zusammen. In der heißen Version dauerte diese Selbstzerfleischung des alten Kontinents eigentlich 31 Jahre lang, bis 1945. Ihr folgenreiches Erbe scheint sich eben erst aufzulösen. Denn aus dem Geist und Ungeist des Jahrhundertanfangs stammte der vielköpfige totalitäre Drache. Ihm entsprang 1917 die bolschewistische Schreckensherrschaft und wenige Jahre später ihr ebenso schreckliches vatermörderisches Kind, der Nationalsozialismus. Beide betrieben die Auslöschung des Menschen – im Namen eines «Wertes»: dort hieß er die internationale Arbeiterklasse, hier der Volkswille einer nationalen Herrenrasse (des hochwertigeren «Blutes» plus der Arbeiterklasse). Der Effekt blieb sich freilich unterschiedslos gleich: die Vernichtung des Individuums, seines Gewissens und seiner Freiheit. Auch das handelnde Organ blieb sich gleich: die Partei als absoluter Götze. Die Wucherung der kommunistischen Herrschaft über einen Großteil der Welt war das Ergebnis der Endphase jenes 31jährigen Krieges. Das Festfrieren der Geschichte auf ein Ende, das jetzt Gott sei Dank nur als Zwischenhalt erscheint, senkte sich auf den halben europäischen Kontinent und auf einen großen Teil Asiens, als zeitlose totalitäre Nacht. Verbrämt war sie mit dem «Wert» des «Sozialismus», der tätigen und intellektuellen Aufopferung des einzelnen für die *Nomenklatura*, die in der Neuzeit destruktivste, ja, wie sich mittlerweile erwiesen hat, einfachhin schmarotzende Oberschicht. Diese Versklavung wurde präsentiert als Aufopferung des einzelnen für das Ganze, als «Antiegoismus». Dieser «Wert» entfaltete seine Schlagkraft nicht zuletzt aus einer unterschwelligen und lügenhaften Nähe zu christlichen Idealen, die dem Abendland teuer geworden waren: der Nächstenliebe, dem Gehorsam, der Selbstlosigkeit (ironisch könnte man hinzufügen: und der Armut).

Was darüber hinaus tief beunruhigend bleibt: Die Vampir-Götter und ihre Hörigen waren nicht einzelne, bald verwundene Unfälle oder gar Zufälle des Jahrhunderts. Die Verwirrung stammte aus Mitte und Tiefe: derjenigen des Geistes, des Willens und des Herzens. Denn um die Stützung der roten oder braunen Ideologie mühte sich eine Vielzahl der großen literarischen, philosophischen und künstlerischen Namen des Jahrhunderts (*Brecht*, *Shaw*, *Sartre*...). Auch Nobelpreise schützten nicht vor dem tausendfachen Sündenfall des Geistes (und übrigens des guten Geschmacks). Die heutige Götzendämmerung ist auch die Dämmerung eines großen Teiles der geistigen Elite als der Wegbereiter, Propheten, Träumer der «neuen Gesellschaft» von eigener Konstruktion. Schon das atheistische 19. Jahrhundert war auf der Suche nach dem menschlichen Menschen, genauer gesagt: die Suche dauerte von *Marx* bis *Bloch*. Heraus kam – trotz hoher Erwartung – entweder etwas Wölfisches oder etwas Gesichtsloses. Um es gerechter zu sagen: der nach außen zur unmündigen Gleichheit Erniedrigte, der jetzt aus der verordneten Grauheit und Gräulichkeit explodierte. Beides ließ sich wochenlang in den Nachrichtensendungen in Einzelheiten studieren. Man kann fragen, ob das ernüchterte Vakuum am Ende dieses Jahrhunderts nicht großenteils auch das Ergebnis eines intellektuellen Bankrotts ist – ebenso wie die Unsicherheit in den Werten. So muß die Klärung des Bewußtseins sehr tief reichen, die verratene Redlichkeit ganz anders wiederhergestellt werden.

«Jahrhundert der Wölfe», so faßt *Nadeshda Mandelstam*, die ihren Mann, den größten Lyriker Rußlands, an eine «Säuberung» verlor, ihre Lebenserfahrung zusammen. Und mit Bitterkeit muß man sagen: Die Wölfe holten Europa ein, und das im Namen hoher mißbrauchter Werte; eben jetzt, seit einer immer noch unbegreiflichen Wende, weichen sie zurück, nicht ohne Schlimmes, noch Unausgestandenes zu hinterlassen: ruinöse Länder alter Kultur, Unordnung der Köpfe und Herzen, vertane Leben. Immerhin: Wir erleben den Zusammenbruch dieser dämonischen Ungeschichte, die ein Jahrzehnt, ja sogar wenige Jahre früher noch ewig schien.

Konturen des Neuen

Freilich gibt es auch *anderes*. Die Bitterkeit des Jahrhunderts enthält eine süße Frucht: das Ende des bösartigen europäischen Nationalismus, mindestens in Westeuropa (der Erfinderin des Phänomens), und dies hoffentlich für immer. Oder anders: Wo früher die hochfahrende Überschätzung des Eigenen und der Haß auf das Fremde (vermeintlich Fremde) stand, ging es nun um die Neuformulierung des westlichen Europa, zeichenhaft unter den zwölf Sternen der apokalyptischen Frau. Heute stellt es sich in Demokratien dar, die einen in der Geschichte beispiellosen Wohlstand hervorbrachten und den ehemaligen Feinden nun offene Grenzen bieten, in wirklicher, nicht nur gespielter Friedfertigkeit. In diesen neuen Demokratien bildeten sich neue Werte aus, die noch der Großelterngeneration fremd waren: Toleranz, Selbstsein, Freiheit, Chancengleichheit, Rücksicht auf den Schwächeren, Aufmerksamkeit auf die Schöpfung, ein tieferes Verlangen nach weltweiter Gerechtigkeit, ja selbst der Wunsch zu teilen – neben und mit den oben genannten Haltungen des Genießens und Besitzens.

Dazu kam eine ernsthafte Erneuerung des Christentums, besonders der katholischen Kirche, die ihr im 19. Jahrhundert bezogenes Ghetto verließ. Marksteine dieser Öffnung zeigen sich etwa 1944 in der Weihnachtsansprache *Pius' XII.*, die die Kirche – endlich – versöhnt mit der Demokratie. Sie zeigen sich in der vielgestaltigen «Reform aus dem

Ursprung», deren strahlende Manifestation das II. Vatikanische Konzil ist. Allen Zeichen nach ist diese innere Klärung keineswegs erschöpft, trotz einiger Rückzüge hinter die erreichte Linie. Zum Beispiel bleibt das starke Gefühl, daß die Feldkuraten zweier feindlicher Armeen ihre Kanonen nicht mehr segnen würden. Ein außergewöhnliches Empfinden der Verantwortung für die Menschheit hat sich auf die Kirche gelegt. «Mehr denn je, bestimmt mehr als in den letzten Jahrhunderten, sind wir heute darauf ausgerichtet, dem Menschen als solchem zu dienen, nicht bloß den Katholiken, darauf, in erster Linie und überall die Rechte der menschlichen Person und nicht nur diejenigen der katholischen Kirche zu verteidigen... *Nicht das Evangelium ist es, das sich verändert; nein, wir sind es, die gerade anfangen, es besser zu verstehen»* – so *Johannes XXIII.* 10 Tage vor seinem Tod.

Und: Unsere unmittelbare Gegenwart hat in den letzten drei Jahren ungeheure, unerwartete Zeichen des Geistes gesehen: Atemlos schnellen Zusammenbruch von jahrzehntealten Unrechtssystemen, Zusammenwachsen organisch verbundener Größen, einen erneuerten Begriff des einen, gemeinsam erwachsenen, gemeinsam kultivierten Europa. Selbst wenn heute die ebenso ungeheure Größe und Ungelöstheit der Aufgabe klarer als vor drei Jahren in die Augen springt, selbst wenn deutlich wird, daß die gegenwärtige Generation keineswegs zur Bewältigung des Pensums gerüstet ist, selbst wenn der Europa tragende Boden des Christentums von innen und außen gefährdet ist, sind die historischen Ereignisse größer, ermutigender als die augenblickliche oder sogar lang andauernde Verzagtheit, der unausweichliche Verlust der Illusionen, die Ermüdung über die neuen Fehler.

Anfragen an den heutigen Geist und Ungeist

Dieser Aufriß soll zur *unmittelbaren Gegenwart* und ihrem uneinheitlichen Bild führen: Welche Werte gehören zur Ernte des Jahrhunderts? Welche Werte werden gegenwärtig, nach all den bitteren Erfahrungen, hochgehalten und den nächsten Generationen ausgehändigt? Politische Geschichte wurzelt in geistigen, und das meint immer in werthaften Entschließungen, jedenfalls weithin. Unsere Geistesgeschichte freilich ist mit den jüngsten Umbrüchen keineswegs endgültig umgeschrieben oder für die nächsten Jahrzehnte gegen Abwege gesichert. Wenn nunmehr wirklich das «Ende der Neuzeit» angebrochen ist, so ist gleichzeitig verräterisch: Zur eigenen Kennzeichnung ist gegenwärtig in West nicht viel mehr greifbar als der blutlose Ausdruck «Postmoderne». Aber aus einer postchristlichen postmodernen Postära läßt sich nichts gestalten. Ein verrückt gewordener Liberalismus wird seiner selbst überdrüssig – wofür lohnt es sich noch, das Leben einzusetzen? Vielleicht herrscht deswegen (in West entschieden mehr als in Ost) das verlegene Trauern über die morschen östlichen Idole – als Ausweg bietet sich höchstens das klägliche Gerede, das Ganze sei doch «eigentlich» gut gemeint gewesen. Oder wie ein italienischer Sozialist nach der Wende verlauten ließ, die Gralshüter seien zwar allesamt Diebe (und Mörder, müßte man hinzufügen), aber der Gral lebe. (Was eine gute Startbahn für die Konstruktion des «noch besseren Sozialismus» bietet...?)

Nachdrückliche Frage: Ist die geistige Elite, oder was dafür gehalten wird, heute, nach all den Menschenopfern, gegen Unwahrheit und Liebedienerei gefeit? Hat sie die allenthalben laut geforderte neue Ethik, ja sogar universale Ethik klar begründet, und worin? Wenn die Antwort lautet: in der Menschlichkeit – worauf gründet denn diese?

Es gibt genug Bewegungen, die alternatives Neudenken für sich in Anspruch nehmen: so die Friedensbewegung, die Ökologiebewegung bzw. der «grüne Frieden», so auch die Frauenbewegung und die zahllosen Esoteriker auf der Suche nach dem Schrein des eigenen Selbst. Sind sie weniger anfällig für Einseitigkeiten des Denkens und für die Zuordnung der Probleme in das Ganze? Man/frau ist nun alternativ verpflichtet. Aber die Fragwürdigkeiten springen bei all diesen Bewegungen ins Auge. Zum Beispiel: Kürzlich forderte ein britischer Naturschützer, der jetzt als Terrorist einsitzt, die Selbstbeschränkung der Menschheit auf etwa 50 Millionen Exemplare *Homo sapiens* zugunsten der Tiere, der wirklich und einzig Unschuldigen, Guten. Oder die gewohnte bundesdeutsche *Betroffenheit* beim Golfkrieg: Sie brachte als politische Vision nur die Rede vom Frieden *um des Friedens willen*, was die Definition des Kirchhoffriedens ist...

Vor solchen gedanklich höchst unklaren Hintergründen leiten sich neue Fehlentwicklungen ein. Tatsächlich mangelt es an Vernunft, die dem Wortsinn nach von «Vernehmen» kommt: am wachen Vernehmen der wirklichen und sinnvollen Werte des Daseins.

Der Wille zur Wahrheit

So liegen in den heutigen Umwälzungen Gefahr und drängende Aufgabe. Zu groß war der Sündenfall der vorangegangenen Generationen, die den Aufstieg und die Verbreitung des «neuen Menschen» vorbereitet und dann mit Opfern, auch mit Opfern des Denkens, bezahlt haben. Zu groß ist die heutige Wortlosigkeit, die den andrängenden östlichen Ländern nur wenige werthafte Überzeugungen anbieten kann. In den Ohren brennt das kluge Gleichnis Jesu von dem Haus, das frisch gereinigt und geschmückt stand, aber leer blieb – und die Dämonen zur Rückkehr lockte. Unser Bewußtsein, ob Herz, Geist oder Wille, darf nicht leer stehen. Sonst kehrt die Versuchung zurück, erneut niederzufallen und anzubeten...

Es wird zur langdauernden Aufgabe für unsere Kultur, das gefegte Haus mit neuen, vielleicht auch gut vergessenen alten Gedanken zu füllen. Dazu zwei Vorschläge, die sich der skizzierten Geschichte verdanken, zwei Eckpfeiler einer Kultur der Werte. Der erste betrifft den *Willen zur Wahrheit.* Im besonderen: zu einer wahrheitsgemäßen Sicht des Menschen. Weder die 68er-Phrasen von der Vergesellschaftung des Individuums, mit denen meine Studentenzeit erfüllt war, noch die quallige Wassermann-Alternative mit ihrem Ego-Trip zählen hier. Bei ihnen fehlen in der Wahrnehmung des Menschen entscheidende Faktoren. Welche?

Zu einer wirklich menschlichen Kultur gehört der Wille zur Wahrheit, zum Sehen dessen, «was ist», zum Sehen des Ganzen. Der Mensch selbst ist eine unerhörte Wirklichkeit voller gegenläufiger Spannungen und Strebungen, und als spannungsreiches Gebilde ist er noch einmal in eine vielverflochtene Schöpfung eingefügt, in Ordnungen und Gesetze, die er weder selbst erlassen hat noch selbst aufheben kann. Wann immer die Vielfalt des Wirklichen beschnitten wird, verschiebt sich das Ganze ins Gefährdete. So gehört zum Menschen die Spannung von Wir und Ich, das notwendige Einordnen in eine Gruppe. Gerade dies wurde in unserem Jahrhundert zweckdienlich vernutzt – alles verschwand im Sog der «Gesellschaft». Dagegen ist die ganze Wahrheit geltend zu machen: Der Mensch ist Glied der Gruppe, aber zu seiner Selbstwerdung ebenso *gegen* die Gruppe aufgerufen. Auch diese Selbstwerdung – das zweite Spannungsfeld – wurde und wird verschenkt: Im fragwürdigen Ausleben des Triebes, im völligen Verlust des Gemeinsinns, der Verantwortung für die anderen («ohne mich»), der gefährlichen Selbstbezüglichkeit. Aber diese Entgleisungen eines hochgezüchteten Individualismus können wiederum die Wahrheit nicht zudecken, daß Selbstsein ein hoher, selten erreichter Wert ist. Um aber wirklich dazu zu kommen, muß noch ein drittes übersehenes (oder bewußt ausgespartes) Spannungsfeld des Menschlichen wahrgenommen werden: Zum Menschen gehört, daß er sich im guten, lösenden Sinn «verläßt» und dabei übersteigt *und dabei findet.* Die These zum Überdenken lautet: Der Mensch ist zutiefst zu konturieren in bezug auf ein «mehr, als er selbst ist». Dieses «Mehr» umfaßt vor allem auch: Wert und Sinn. *Werthafte und religiöse Fragen sind nicht ein Luxus der Kultur, sie gehören ihr zu.* Es macht das Glück des Menschen aus, daß er sich über das bloße Auf-sich-selbst-Beharren hinausdehnt. Von jeher ist der Mensch Brücke, die sich auf ein anderes Ufer zuneigt und sich ohne dieses Ufer nicht deuten kann. Hier bedarf es des phrasenlosen Christentums, das keine Mythen und Psychofallen bietet, sondern Klärung, den (übrigens immer anziehenden) Willen zur ganzen Wahrheit und Wahrheit des Ganzen vertritt. Nicht umsonst war und ist der Widerstand gegen den Totalitarismus aus einem christlichen Instinkt heraus am nachhaltigsten (wie die Umsturzbewegungen im Osten fast ausschließlich vor einem christlichen Hintergrund begannen). Freilich ist die kirchliche Sprache so lange zu reinigen, bis sie wieder gewöhnungsfrei ist. «Die Christen sind die einzigen, die inmitten aufgehäufter Brote verhungern», meinte *Ida Friederike Görres* in den sechziger Jahren. Findet man diese Brote nicht, so ist doch in der Gesamtkultur zu sichern, daß wenigstens keine Idole mehr angebetet werden. Die Seele, die sich von Ersatz und von Mythen nicht trösten läßt, hält immerhin den Platz frei für den Ewigen.

Werden diese mehrfachen Strukturen des Menschen vergessen oder nie gelebt, so ist die Menschwerdung schwierig, immer in der Gefahr, auf einen einzigen Wert zu schrumpfen: das kollektive Wir oder das erlebnishungrige, sich selbst vergötzende Ich. *Wahrheitswille* meint, die Spannungsvielfalt der menschlichen Existenz zu wahren. Wohlgemerkt: Die ganze Kultur muß diesen Wahrheitswillen aufbringen (nicht etwa nur die Theologie, die ja keineswegs vor Einseitigkeiten gefeit ist). Insbesondere die Literatur, die Kunst, die Zeugnisse gelebten Lebens zählen hier. Dazu gehören auch die Anleitungen zum Realitätssinn, zur Selbsterkenntnis und Ehrlichkeit gegenüber der eigenen vielfältig verworrenen Menschlichkeit, und andererseits (nie genug geleistet) die Anleitungen zum Selbstüberstieg, zum Verlassen der eigenen Beschränkung.

Der Wille zur Freiheit

Ein zweiter hoher Wert ist ebenbürtig zu nennen: der *Wille zur Freiheit*. Gemeint ist nicht der naturgegebene Drang zum Selbstand, etwa in der Pubertät: Dies ist keine ethische, sondern eine hormonelle Leistung. Sie entsteht weder aus einer wirklichen Bereitschaft zur Verantwortung noch aus einem eigentlich geistigen Klarwerden. Es ist die Natur, die hier Leib und Seele «anschiebt», wenn nötig mit elementarer Gewalt. Freiheit wirklich einzulösen vermag nur der bewußte Mensch, besser gesagt: der *personale* Mensch. Person wird man auf geistige Weise, in geistiger Klarheit, die dem bloßen Fühlen, Empfinden, dem Bedürfnis, dem seelisch Ungeordneten voraus ist. Die Person ist sich selbst gehörig, sie ist Selbstand. Äußerer wie innerer Zwang, der gleichermaßen von anderen wie von mir selbst ausgehen kann, verpflichtet hier nicht (mehr). Also Freisein von physischem und moralischem Druck von außen, aber tiefer noch Freisein auch von dem Herdentrieb zum modischen «man tut/frau meint». Genauso schwer ist das Freiwerden von eigenen inneren Triebbindungen, Unbeherrschtheiten aller Art, Überwältigungen des Bewußtseins. Dazu zählen Überwältigung durch Angst, also Überflutung des Unterbewußtseins, Auslieferung an die Faszination des Schreckens; Überwältigung durch übermäßiges Hochgefühl – die Sucht nach dem High-sein, der Ekstase; Überwältigung durch die Medienflut nicht zuletzt: Überschwemmung mit Wissen als Ersatz von Bildung. Freiheit meint: Daß die selbstverschuldeten Abhängigkeiten abnehmen, daß das chemische Glück – Drogen und alle Arten von Betäubungen – vor dem wirklichen Glück verblaßt.

In allen Überflutungen wird ja die Urteilskraft des Personalen geschwächt, wenn nicht verhindert; die Gabe der «Unterscheidung der Geister», auch der eigenen in uns wirksamen Geister, kommt nicht zur Entwicklung. Mangelnde Unterscheidung aber ist Mangel an Freiheit. So sind der Kultur Übungen des Freiwerdens aufgetragen, die übrigens gar nicht besonders neu sein müssen; längst liegen schon Erfahrungen vor, wie man die «wilden Hunde in ihrem Keller» (*Nietzsche*) bändigt und wie Stärke durch Sammlung, Inspiration gefunden wird. *Thomas von Aquin* schreibt den erstaunlichen Satz: «Wer das Böse meidet wegen der Gebote des Herrn, ist nicht frei. Wer das Böse meidet, weil es böse ist, der ist frei, denn er handelt aus sich selbst: Der Freie ist die Ursache seiner selbst.»

Trotzdem ist Selbstgehörigkeit noch nicht die tiefste Form der Freiheit. Schon in dem Wort steckt der Vorgang des Hörens, der zur Hörigkeit entgleiten kann. So muß sich das Hören «richten», ebenso wie sich das Selbst «richten», ins Gerade strecken muß. Es gibt die *anima in se curvata*, die in sich gekrümmte Seele, die nach *Augustinus* nichts anderes als Sünde ist. Sie ist das von sich selbst besessene Leben, das nichts anderem in sich Raum gibt, das bloße Ansichhalten, das sich nicht hergeben kann.

Das wirkliche Beisichsein aber ist eine *processio ad extra*, ein Herausgehen nach außen, wie *Thomas von Aquin* formuliert. Nur damit entkommt man dem Risiko des inneren Todes, nämlich dem mit sich selbst identischen Ich, Grundversuchung aller Emanzipation. Statt dessen ist die eigentliche Form des Lebens ein Paradox, das man nur schwer zusammenbringt: nämlich identisch zu sein und gleichzeitig unbedingt zu hören, zu gehören. Es gibt ein Geben und Sich-geben-Lassen, das eigenste «befreite Freiheit», Seligkeit des eigenen Willens ist. Was heißt das für den Menschen aus Lehm und Erde, diese mangelhafte Existenz? Es heißt, daß Freiheit an einer tiefen Stelle übergeht in personale Hingabe. In der ausdrücklichen willentlichen Zustimmung zu einer Person bleibt die Freiheit doch frei und die Bindung doch wahr. Der Wille zur Freiheit erkennt nicht allein den eigenen Wert an, sondern auch das Du und das Wir (nicht das Man). Nur wer frei ist, hat nichts dagegen, zu dienen. Anders: Nur wer frei ist, hat nichts dagegen, treu zu sein, jenseits von Emanzipation und Unterwürfigkeit. Damit setzt gerade die Freiheit einen Urakt in Kraft: den Urakt der Teilnahme, des Zugehörens.

So kommt auf dem Boden des Freiseins die *Liebe* ins Spiel – nach dem Wort von *Paul VI.*, daß es heute gelte, eine Zivilisation der Liebe zu schaffen. Liebe ist ein hoher, nach dem Korintherbrief der höchste Wert, und gerade deswegen allen Verzerrungen ausgeliefert. Wenn Liebe mehr sein will als eine Angelegenheit vager Stimmung, des Gefühls und einiger Hormone, als das sie in der Regel verkannt und mißbraucht wird, dann bedarf sie der «Richtung». Erst ihre Klärung in der Wahrheit, ihr Hervorgehen aus einem freien Menschen entbindet sie zu ihrer vollen Wirklichkeit. Daher ist die Zivilisation der Liebe etwas Spätes und Letztes, das keineswegs auf Anhieb, auch nicht in einem Willensakt allein gelingt. Liebe braucht zuvor die Anstrengung des wahren und freien Handelns.

Gibt es eine Art «Rang» unter den Werten, wie schon am Anfang gefragt? Diese trockene Frage entläßt höchst lebendige Antworten, die Antworten des Lebens selbst, wenn man es beobachtet. Schon die Sprache eröffnet eine reizvolle Einsicht, die sich zunächst aus dem Wort nicht heraushören läßt: Wert heißt ursprünglich (im gotischen *wairths*) ‹wohin gewendet›, was noch in der Nachsilbe -wärts anklingt. Wohin ist der Wert gewendet? Oder wendet er uns – wohin? Tatsächlich bestimmt sich der Kosmos der Werte von Zielen her, und zwar von mehreren, wie *Max Scheler* entwickelt hat: vom Angenehmen des Genusses, vom Nützlichen, Edlen, Schönen, Rechten, Wahren, Heiligen. Diese vielen Ziele stehen aber nicht nebeneinander, sondern übereinander, was heißt, daß sie sich selbst einem letzten zuwenden. Dieser letzte muß mit Sinn zu tun haben, oder genau gesagt: selbst Sinn sein, alle Zielbewegung erfüllend auffangen. Nun gehört es zu den heißen Fragen unseres Jahrhunderts, was (wer?) dieser Sinn sei – auch hier haben die Ideologien die Sicht verdunkelt, und der Existentialismus, die einflußreichste Philosophie der Zeit, hat den Sinn des menschlichen Lebens in das Leben selbst zurückgebogen. Doch sind die Zirkelschlüsse durchgestanden und in ihrer antwortlosen Armut anschaulich. *Die Werte selber erhellen sich nur aus einem unverfügbaren, alles durchtränkenden Sinn. Platon* nannte ihn das Gute. Das ist ein Name, mit dem die ungeheure Anziehung gemeint ist, die den Menschen tagtäglich in Bewegung setzt, im Kleinen wie im Großen. Daß diese ungeheure Anziehung nicht eine Sache ist, sondern eine Person, ist ein weiterer Schritt der Einsicht, den Judentum und Christentum formuliert haben. Falls man diesen Schritt nicht mitvollziehen kann – die heutige Kultur verharrt zögerlich –, so ist es doch eine Frage der Redlichkeit zu sagen, daß jedenfalls der Mensch keine Sache, sondern eine «Richtung» ist (*Max Scheler*). Woraufhin sind wir gerichtet? Wohin wenden uns die Werte? Jedenfalls nicht nur auf uns selbst, jedenfalls nicht in das Nichts – soweit war die Ernüchterung des Jahrhunderts dienlich. Ob aus der Ernüchterung wieder eine Zustimmung wird, daß es das Gute, den Guten gibt, und zwar als eine unzerstörbare Mächtigkeit, mag die Kulturaufgabe der kommenden Zeit werden.

Christentum mit und ohne Kultur? Offene Aufgabenfelder für das 21. Jahrhundert

«Wie still ist es auf Erden,
wie still,
wie unerträglich ist es ohne Himmel.»
Wassyli Stus (1938–1985)

Nicht nur in der Überschrift, sondern notwendig auch am Anfang des Gedankenganges stehen Fragen. Fragen sind erster Eintritt in das noch Unüberschaute, erste schmale Sortierung des Verworrenen. So kommt es auf die Qualität nicht nur der viel späteren Antworten an, sondern auf die Qualität des Fragens.

Was soll heißen: Kultur? Hier taucht unmittelbar die alte, klassische Gegensetzung zur Natur auf und bedarf einer Zuordnung. Ist alles Eingreifen des Menschen in die Natur schon Kultur? Zeigen sich auch unfruchtbare, überlebte und endlich zerstörerische «Kulturen»? Gibt es Kulturen, die dem Judentum/Christentum von Grund auf offenstehen, andere, die Mühe zur Öffnung haben? Weshalb hat das Christentum in seiner westlichen Ausprägung eine beispiellose Kultur hervorgebracht? Wo liegen – wofür wir heute empfindlich geworden sind – ihre Rückseiten? Gleich zu Anfang ist außerdem zu bemerken, daß im Folgenden kein Ehrgeiz besteht, weiteren Stoff für den alten deutschen Kultur-und-Zivilisations-Streit zu liefern; die Pointe des hier verwendeten Kulturbegriffs wird hoffentlich durch die Lektüre klar.

Was soll genauer heißen: Christentum? Wenn man sofort auf den Kern zugreift, gehört zweifellos die Frage nach dem Judentum, der Wurzel, dazu. Mit welchem Recht beschränken wir uns auf diese tiefverwandten Religionen und stellen nicht gleich die Frage nach dem allgemeinen Verhältnis von Religion und Kultur?

Mit den letzten Fragen ist schon der schwierigste Knoten der Überlegung angerührt. Wie beziehen sich Kultur und Christentum aufeinander? Ist das nur Befruchtung oder auch Störung, Durchkreuzung? Wo liegt das Vereinbare, gibt es Unvereinbares? Wie werden Übereinstimmung und Widerspruch ausgetragen und weiterverwandelt, in neue Energien umgesetzt, oder kommt es zu einer Art Waffenstillstand und sogar Hemmung einer Seite? Und letztlich fragen wir das Ganze nicht nach Art eines Lehrbuchs der Kultur- und Religionsgeschichte, sondern heutig, zugespitzt auf die Schwelle des Jahres 2000. Bekümmert also über das Ungelöste auf beiden Seiten; aufmerksam für das von der Sache her Gelungene; besorgt um die geistigen Entscheidungen, welche die Zukunft tragen sollen – soweit wir für geistige Entscheidungen heute vordenken können. So werden am Schluß nicht nur Diagnosen stehen, sondern das Feld der Geistesgeschichte wird gegen das offene und deshalb angreifbare Feld von Ausblicken und persönlicher Stellungnahme verändert. Aber können wir heute beurteilen, ob die von uns gewünschten und in Festreden entworfenen guten Gelegenheiten, ob unsere Schreibtischlösungen überhaupt von den künftigen Generationen ergriffen werden?

Doch stehe am Anfang auf jeden Fall die aufmerksame Prüfung der Herkunftsgeschichte, bevor der Schritt von der Herkunft in die Zukunft vollzogen wird.

Was heißt Kultur?

Kultur ist, dem Wortsinn von *colere* folgend, Pflege. Pflege ist hier noch im vagen Sinn genommen: Gestaltung, Veredelung des Rohen, Veränderung zum Besseren, Verwandlung, auch Bändigung. Und zwar an einem doppelten Gegenstand. Als unmittelbares Gegenüber solcher Pflege, ja Zähmung, erscheint die *Natur*: Wald, Wasser, Hitze, Kälte, Boden, Wind, Tier und Pflanze. Die Genesis hat diese Herausforderung in die Worte gefaßt: «Macht euch die Erde untertan.» Ebenso unmittelbar aber erscheint der *Mensch* dem Menschen verbesserungswert, wandlungsbedürftig. Von den frühesten Kulturen an, den magischen, bis zur neuzeitlich-kausalen Kultur arbeitet der Mensch an sich selbst. Die Bärin leckt ihre neugeworfenen Jungen aus einem unförmigen Knäuel in Bärenform zurecht, der Mensch glättet sich und die anderen zur Kulturform – so begründet *Erasmus von Rotterdam* die Notwendigkeit aller Erziehung. *Homo factus, non natus* – Der Mensch wird gemacht, nicht geboren, formuliert die Renaissance (genauerhin *Joachim Camerarius*, Dürer-Freund und Philologe des 16. Jahrhunderts[1]). Diese genaue Umdrehung des *Credo*-Satzes, der Sohn sei «gezeugt, nicht geschaffen» (*genitus, non factus*), ist das Credo nicht nur der Neuzeit, sondern frühestes Verhalten von Menschengruppen: Kultur meint Menschenwerk, vor allem Werk des Menschen am Menschen. Der bloße Naturbursche ist eine Fiktion später Phantasie; noch der «edle Wilde», den *Rousseau* erfand, ist erheblich mehr edel als wild. Und die «traurigen Tropen» von *Lévi-Strauss* sind traurig aus Formung, Zucht und Sollen.

Wieso greift aber der Mensch in die Natur und in sich selbst ein? Könnte er sich nicht dem Gegebenen, selbst ein Naturwesen, anvertrauen? Hier tut sich der feine Riß auf, der sich zunehmend schärfer ins Bewußtsein eingräbt und in allen Kulturen zur entscheidenden Aufgabe wird: Der Mensch ist nicht eins mit sich selbst, ist nicht Fisch, Baum, Element in ihrer Notwendigkeit. Der irisch-keltische Mythos weiß von der Einheit, die im Fisch wohnt, aber den Menschen längst verlassen hat: »Denn zu Lande und in der

Luft war immer etwas außer mir, ausschweifend und störend: So schwingen die Arme zu Seiten des Menschen und müssen beachtet werden... Doch der Fisch ist ein einziges Stück von der Nase zum Schwanz, er ist vollkommen, einfach und unbeschwert. Er dreht sich und steigt und taucht und wendet in einem Schwung.»[2]

Stattdessen ist der Mensch ein Wesen voller Fragezeichen, voller Fragen nämlich, wer er denn eigentlich sei, voller Unruhe, ob ihm dies die Außenwelt und die anderen zu sagen vermöchten. Solche frühesten Erfahrungen der Unbestimmtheit werden selbst mythisch ausgesagt, durch ein Versagen, einen Fall, eine schuldhafte Unvollendetheit «erklärt». Letztlich ist der Mensch auf der Suche nach dem Menschlichen – weil er es weder einfachhin ist noch hat.

Eine heutige Wissenschaft, die Verhaltensforschung, stellt diese grundsätzliche menschliche Unsicherheit in exakten Beobachtungen fest (was auf kein «Beweisen» des Mythos abhebt). Sie hat nach den bahnbrechenden Arbeiten von *Jakob von Uexküll* und *Konrad Lorenz* einige Ergebnisse zu Tage gebracht, die die Notwendigkeit von «Kultur» von Grund auf beleuchten. Denn das Tier – allgemein gesprochen – ist eins mit seiner Instinktordnung, kann weder aus ihr aussteigen noch sie erfinden, sie nur – in einigen Fällen – innerhalb fester Grenzen variieren, nämlich innerhalb bestimmter, kurzer «Prägezeiten». Der Mensch dagegen ist offen: Er hat Welt, nicht bloß Umwelt. Aber er hat «unfertige», ungedeutete, alles meinende Welt. Diesen ursprünglich unbesetzten, entsprechend bedrohten Zustand nannten *Heidegger* und der ihm folgende Existentialismus ein Geworfensein. Deutlich ist der Daseinsriß schon im Wort Existenz enthalten, das übersetzt «Hinausstehen» bedeutet, Hinausstehen nämlich aus dem Gesicherten. Oder stärker naturwissenschaftlich ausgedrückt: Der Mensch ist im Vergleich zum Tier ein Mängelwesen, wie *Arnold Gehlen* ausführte. So ist der Mensch von Anfang an gezwungen, Unbekanntes zu deuten, Richtlinien im Chaos der Eindrücke aufzustellen, um rein biologisch zu überleben. Wo das Tier immer schon daheim ist, muß der Mensch im Un-Heimlichen heimisch werden.

Eben dieser Vorgang ist Kultur: sich einzurichten und das Vorfindliche zu zähmen, in Dienst zu nehmen. Grundlegend dafür ist vor allem die Sprache: als Deutung des Vieldeutigen, als Überlieferung erprobter und bewährter Ordnung. Sprache bannt die Welt in ihrer gefährlichen Unbekanntheit; den Namen wissen heißt Macht haben. Sprachverlust ist Rückkehr ins Chaos, Aufhebung der menschlichen Gemeinschaft, Kaspar-Hauser-Elend.

So hat die Kultur Abkürzungsfunktion, indem sie den Prozeß der Einzelerfahrung vorwegnimmt und verbindliche Ordnungen aufstellt: durch die Festlegung von gut und böse, nützlich und schädlich. Der individuelle Erfahrungsablauf wird durch Gebot und Verbot beschleunigt. Kultur ist bewußte Prägung des Zusammenlebens, um nicht jedes Kind wieder am Punkt Null im Lebenskampf anfangen zu lassen. Hinter der Kultur steht also die Erfahrung des Urchaos, das gebändigt wird, damit nicht «wiederkehrt uralte Verwirrung», wie *Hölderlin* formuliert.

Damit ist ein anthropologisches Bedürfnis nach Struktur, nach Prägung, mit einem Wort, nach Kultur, von mehreren Wissenschaften, falls man der eigenen Erfahrung nicht traut, bestätigt. Das heißt nun freilich noch nichts über die Richtigkeit oder Angemessenheit oder den Widersinn kultureller Entwürfe. Die uns bekannten Hochkulturen sind bei genauer Betrachtung höchst unterschiedlich, gerade was die Formung angeht, welcher die Menschen unterworfen werden. Wohin entwerfen sich die Gesellschaften? Auch die Art ihres Entstehens, ihrer Dauer und ihres Untergangs ist ein außerordentlich spannendes Problem der Geschichtsschreibung (*Spengler, Toynbee*). Gibt es eine Art «biologisches» Lebensgesetz der Kulturen? Woher kommen die Innovationen, die ein «altes» System ablösen? Gibt es einen Maßstab der Menschlichkeit für solche Neuerungen?

Damit nähert sich die Fragestellung auch dem Christentum: Seit 2000 Jahren wurde eine unvergleichliche Kultur in Europa (und seit 200 Jahren in Amerika) hervorgebracht – was daran ist ursächlich «christlich» zu nennen? Auf welches Menschenbild hin hat sich diese Kultur entworfen? Stimmen die Unkenrufe, daß sich diese Phase nunmehr ihrem Ende zuneige und daß das Christentum vielleicht noch in der zweiten und dritten Welt eine gewisse «Kulturaufgabe» habe, also bei anderen Mentalitäten «nacharbeiten» müsse? Andererseits und zeitgleich mehren sich die Ängste, daß die erreichte «okzidentale Rationalität», die auf der Grundlage des Christentums möglich geworden sei, die europäische Kultur von innen und außen zerstöre, ja daß sie diese Zerstörung auf andere Kulturen übertrage. Ein Knäuel vager und auch gefühlsbestimmter Fragen wirft sich damit auf, die nun entflochten werden müssen, sonst verderben sie, halb durchdacht, die Wahrheit des Ganzen.

Was heißt Christentum?

Um dem Christentum näherzukommen, ist – es wurde oben gesagt – zuerst das Judentum ins Auge zu fassen. Und zwar geht es im Folgenden nicht um Glaubensaussagen, sondern um historisch-gesellschaftliche Tatsachen, die an den bekannten schriftlichen Zeugnissen, vor allem an der Bibel, nachprüfbar sind. Das religions- und kulturgeschichtlich Neue des Judentums waren Ideen, die das kleine Nomadenvolk von seinen Nachbarvölkern je länger je mehr unterschieden. An erster Stelle gilt dies für die langsame, sich gegen den eigenen Widerstand ausprägende Fassung des Gottesgedankens: Gott ist nur Einer, jenseits dieser Welt, nicht in ihren Tempeln enthalten, nicht mit ihnen zerstörbar wie die sonstigen Bildwerke aus Lehm und Gold – ja, es gibt, um ihn nicht zu verwechseln, kein Bildwerk von ihm (mit Ausnahme des Menschen). Damit löst sich das Judentum aus dem animistisch-magischen Kult der Mutter-Göttinnen, der väterlichen Zeugungspotenzen, der Dämonen. Ausgezeichnet ist Jahwe (der namenlose Name «Ich bin da») ferner durch die Eigenschaft absoluter, jederzeit zugänglicher Gerechtigkeit ohne Ansehen der Person. Damit war die religiöse, aber auch die politische Verfassung des Judentums nicht notwendig auf einen Tempelritus und ebenso wenig auf einen König angewiesen. Tatsächlich brachen auch die religiöse und politische Hierarchie zusammen, ohne daß das Judentum als Religion damit ausgelöscht gewesen wäre. Weder auf einen Priester- noch einen Königsstaat, ja nicht einmal auf eine Hauptstadt oder ein bestimmtes Land fixiert, brachte es den Gedanken einer neuen, Gott verpflichteten Menschlichkeit hervor. Wurden anderwärts die nationalen Götterbilder in ihren Tempeln zerstört, so waren die Götter und ihre Nationen gleichermaßen am Ende. Im Judentum sind weder Gott noch Mensch abhängig von den Zufällen der Geschichte, des Erfolges, des Ortes, der Nation. Man gehört diesen Prozessen und Ordnungen selbstverständlich an, geht aber darin keineswegs auf. Es entwickelt sich ein neuer Typus Mensch, der, *H. G. Wells* folgend, zuerst von den Propheten verkörpert und verkündet wurde: «In den Tagen Salomons sah es so aus, als ob die Hebräer ein kleines Volk wie irgendein anderes jener Zeit seien, um Hof und Tempel geschart, von der Weisheit der Priester beherrscht und vom Ehrgeiz eines Königs geführt. Doch schon damals trat, wie die Bibel bezeugt, jener neuartige Mensch, den wir meinen, der Prophet, in Erscheinung... Es waren Menschen verschiedensten Ursprungs. Der Prophet Hesekiel entstammte der Priesterkaste, der Prophet Amos trug das Ziegenfell eines Hirten, allen aber war eines gemeinsam: Sie dienten nur dem Gott der Gerechtigkeit und sprachen unmittelbar zum Volke. Sie kamen ohne verbriefte Erlaubnis und ohne Berufsweihe. ‹Das Wort des Herrn ist über mich gekommen›, das war die Formel. Sie waren in hohem Grade politisch. Sie wiegelten das Volk gegen Ägypten, ‹das schwanke Schilf›, oder gegen Assyrien und Babylon auf; sie geißelten die Tatenlosigkeit der Priester, die himmelschreienden Sünden der Könige. Einige unter ihnen beschäftigten sich mit etwas, was wir heute Sozialreform nennen würden... Sie führten den gemeinen Mann an Priester und Tempel, an Hof und König vorbei und stellten ihn der Allgerechtigkeit selbst gegenüber ... So bedeuten die hebräischen Propheten das erste Aufleuchten einer neuen Macht in der Welt, der Macht, die an das sittliche Gefühl des Individuums appelliert, die das freie Gewissen erweckt hat zum Kampfe gegen Fetischopfer und sklavischen Gehorsam, diese frühesten Fesseln der Menschheit.»[3]

Hier sind die Elemente *in nuce* versammelt, die für die jüdisch-christliche Offenbarung, ihr Bild Gottes wie des Menschen, den Ausschlag geben. Eine Art von spirituellem Kapital, das bis zum heutigen Tage genutzt, aber auch falsch gelesen wurde. Die Elemente sind, wenn wir uns auf den Menschen konzentrieren: die Ebenbildlichkeit mit Gott, die Ebenbürtigkeit von Mann und Frau, die Gleichheit beider, auch im Gestaltungsauftrag, gegenüber der Erde, die Freiheit von der bisherigen Welt der Dämonen, der Gleichmut gegenüber Rang und Besitz und die ethische Verpflichtung des Reichen gegenüber dem Armen, der Begriff einer universalen, also nicht mehr auf Stamm und Sippe eingegrenzten Menschlichkeit, letztlich eine Freisetzung von Nutzen und Brauchbarkeit nach Sippenzweck, kraft der in jedem Menschen, auch im Kranken, im Kind, im «unbrauchbaren» oder unproduktiven Leben unmittelbar aufsteigenden Würde. In gewissem Sinn war dieser Gedanke sogar staatssprengend. So weit, daß ein Geschichtsschreiber wie *Edward Gibbon* den Zerfall des Römischen Reiches dem jungen Christentum zuschrieb, da es den Staatskult durch die Verehrung des einen überirdischen Gottes und seiner übernationalen Gemeinde ersetzte. Und daß Anfang dieses Jahrhunderts *James Frazer* den von ihm so gedeuteten Niedergang des Christentums von einem neu hochkommenden Volks- und Staatsideal begleitet sah[4] – mit welchen kommunistischen und nationalistischen Früchten, läßt sich heute trauervoll erkennen.

Die Lehre Jesu hat die entscheidenden Elemente in das Bild des Vaters im Kreis seiner gleichberechtigten, gleichgeliebten Kinder verdichtet. *Paulus*, der größte Theologe und Theoretiker der frühen Kirche, hat Sätze gefunden, welche die griechische Antike, auch *Sokrates*, nie hätte formulieren können – vom Wegfall der Unterschiede zwischen Nationen, sozialen Schichten, selbst den Geschlechtern (Gal 3,28). Hier reißt die jüdisch-christliche Einsicht einen ältesten einschränkenden Horizont weg vor neuen Ufern: den Horizont der Hierarchie und der Knechtschaft zwischen den Mitgliedern einer Familie, eines Stammes, eines Volkes, ja einer Kultgemeinde und ihren Göttern selbst, die ihrerseits untereinander um Rang und Macht kämpfen (wieviele *Theomachien* füllen die alten Mythologien!). Jüdisch-christlich aber ist das Konzept der Gleichen und Freien geboren, und zwar nicht das Konzept des *Prometheus*, «wir da unten im Trotz gegen die da oben», die Götter, die Ungleichen, sondern das Konzept des Einen Schöpfers ebenbürtiger Geschöpfe. Vor Ihm, kraft Seiner sind die Menschen gleich und frei untereinander, ja Ihm selbst über das Ebenbild gleich, durch Ihn selbst frei – Abbilder der höchsten Souveränität, weder Sklave noch Sklavenhalter, weder Hund noch Herr, ja weder Frau noch Mann. Die Menschenrechte, die Ideale der Französischen Revolution, die Demokratie sind Blätter aus dem jüdisch-christlichen Buch, möglicherweise herausgerissen und vielleicht zur Hälfte gelöscht durch die Trennung von der Quelle, wie *Toynbee* befürchtete[5]. Aber sie sind nur im Kontext des jüdisch-christlichen Sprengsatzes denkbar und historisch ausgebildet worden – ebenso, muß man fortsetzen, wie die erwähnte «okzidentale Rationalität» mit ihrem Träger, dem *Homo faber*, aus demselben grundlegenden Anreiz stammt. Und wie das illegitime und muttermörderische Kind, der Kommunismus, ein auf jeden Fall herausgerissenes und destruktiv gewordenes Blatt aus dem ursprünglichen Entwurf darstellt.

Denn Judentum/Christentum meinen eine neue Denkhaltung: unmagisch, unmythisch, logoshaft – wenn unter Logos nicht so sehr Aufklärung (die späte Variante), sondern Geist im Sinne von Personalität, Selbstsein, Freiheit verstanden wird. Nur im jüdisch-christlichen Bereich gibt es ein Subjekt, mehr als das: eine im Grundsatz freie und gleiche Gemeinschaft von Subjekten (was anders ist als Clan und Sippe). Hier wird nicht gemeinsames Geschick erlitten, sondern Geschichte gestaltet. Hier kommt es zum Ausbau eines inklusiven Rechts, das alle einbegreift, nicht bestimmte Gruppen exklusiv bedient. Hier kommt es zu den emanzipatorischen Bewegungen im Namen allgemeingültiger Menschlichkeit, zur Abschaffung von Menschenopfern, von Sklaverei, von weiblicher Nachordnung, sogar zur Abschaffung von «Klassen». Selbst der Feminismus, der dem Judentum/Christentum Patriarchalismus, wenigstens Züge desselben vorrechnet, verdankt sich ohne Zweifel eben den Anstößen dieser Überlieferung; im außerchristlichen Raum gibt es ihn nur als schwächlichen Import.

Fazit an dieser Stelle: Die jüdisch-christliche Theorie hat in ihrem Einflußbereich, insbesondere im mediterranen und westlichen Europa, eine weltgeschichtlich einmalige Kultur verwirklicht – eine Kultur, die gleichzeitig von der Sache her (vom Glauben ist noch nicht die Rede) universale Züge anbietet und eine Art Leitkultur für die Menschheit geworden ist. Das ist um so bemerkenswerter, als der Beginn der christlichen Ära, weltgeschichtlich gesehen, extrem kurz zurückliegt; 2000 Jahre sind ein «Augenzwinkern», ein «Gestern»[6] vor der riesigen Zeitskala, mit welcher Astronomen wie Archäologen heute rechnen.

Ist das Christentum einfachhin europäische Kultur?

Die Herausarbeitung der innovativen Züge in der jüdisch-christlichen Theologie wie Anthropologie hat, und das mit Recht, die heutige europäische Kultur (mit ihren weltweiten Ablegern) als eine Frucht, ein schönes und auffallendes Kind im Klassenvergleich sozusagen, hervorgehoben. Darin liegt aber noch ein Widerhaken verborgen. Es ist noch keineswegs geprüft, wie das Verhältnis von Christentum und Kultur eigentlich arbeitet. Was geschieht beispielsweise, wenn das Christentum heute auf eine andere als die europäische Kultur trifft? Wie heftig waren außerdem die Probleme zu Beginn, als der jüdische Impuls auf die griechische und römische Welt traf? Sind das einfach Befruchtungsvorgänge, Lösungen, Freisetzungen? Um im Bild zu sprechen: Ein vorhandener Baum wird mit neuen Zweigen gepfropft – nimmt er sie an, sind sie ihm gemäß? Weiter gefragt: Wie wird das Christentum fertig mit der Tatsache, daß sein Kind, der okzidentale Mensch, sich von ihm zu lösen beginnt, und zwar kraft der Aufklärung, die einst die genuine Frucht christlicher Freiheit des Denkens war? Geraten abendländische Kultur und Christentum nun auch schmerzlich aneinander und voneinander? Ist die christliche Kultur dabei, am Höhepunkt politischer Verwirklichung in eine friedliche Randgruppe von Gläubigen abzuwandern? Das bedeutet ja, daß die beiden Größen durchaus zu trennen sind, daß das Christentum mit dem Erreichten auch höflich abgedankt werden kann. Im obigen Bild: Die Früchte bleiben, der Baum ist abgeerntet. Ist auch das möglich?

Theodor Haecker warnte 1927: «Europa ist das Kind des Einen Glaubens und als dieses Kind der einzige Erbe des griechischen und römischen Geistes, der westlichen Kunst mit der Prävalenz der Leichtheit und Lichtheit strenger Form vor aller Schwere und Nacht chaotischen Inhalts; der westlichen Philosophie mit der Herrschaft des lebendigen Logos über Trieb und Drang und Leidenschaft; der westlichen Wissenschaft mit der Idee des Gesetzes und der Regel und der ‹Humanität›... *aber zuerst den Glauben haben*, das ist der geistige Sinn der europäischen Völker, das, und das allein, ist ihre verborgene Einheit, von diesem Sinne leben sie mitten in Schuld und Blut und Sünden, verlieren sie ihn ganz, sterben sie, wenn auch schreiend und schreibend. Es haben Zeiten gemeint und diese Tage meinen es noch, daß das antike Erbe: Philosophie, Kunst und Wissenschaft, wie nur der Westen sie hat, und Humanität, wie nur der Westen als Idee sie kennt, bewahrt und realisiert werden könne auch trotz oder gar wegen der Emanzipation von dem *Einen* Glauben. Ein gewaltiger Irrtum! Ohne den christlichen Glauben ist Europa nur ein Sandkorn im Wirbelwind der Meinungen, Ideen und Religionen, es wird morgen auf den Knien liegen vor den Russen, übermorgen vor den Japanern, in drei Tagen vor den Chinesen, in vieren vor den Indern, am letzten aber ganz gewiß die Beute der Neger sein; es wird morgen das Matriarchat haben und übermorgen die Pornokratie; seine Literatur wird nur mehr kennen und sagen die untergeistigen Dinge, nämlich die gnostischen, die unterseelischen, nämlich die psycho-analytischen, die unterleiblichen, nämlich eben diese in Unzucht und Perversion. Wenn es so weit noch lange nicht ist, dann nur, weil da immer noch 7000 Gerechte sind, die ihres Glaubens leben. Wir wissen aus dem Alten Testamente, was gezeichnete Völker sind, die durch bewußten Abfall oder Revolte ihres letzten Sinnes verlustig gingen, der gleich einem Schutzengel sie immer geführt und gelenkt und abgehalten hatte, eine Wolkensäule am Tage, eine Feuersäule in der Nacht. Sie können je nachdem noch lange weiterleben, oft angenehmer und mit mehr ‹Kultur› als Völker, die noch eine Mission zu erfüllen haben... Mit dem christlichen Glauben allein kann Europas glorreiche Literatur wiederauferstehen in neuer Gestalt, mit ihm allein können die Völker des Westens die unvermeidliche Aussprache mit denen des Ostens, die blutige und unblutige, bestehen. Mit Voltaire und mit Shaw können sie es nicht. Das ist wahrlich und wirklich zum Lachen, das bitter sein wird wie Galle.»[7]

Tatsächlich ist es so, daß das Christentum seit seinem ersten Auftreten eine Einheit mit der griechisch-römischen Kultur einging: Es nutzte den vorhandenen Weltstaat, die Schiffsrouten und Straßen der römischen Macht, um zu missionieren, aber es nutzte auch die Denkweisen der Philosophen, die Weisheit der Heiden (freilich nicht unangefochten: *Tertullian* und andere Väter kämpften gegen «Athen»), und die Kirche nutzte die Struktur des römischen Rechts und des politischen Imperiums, die sie für ihre Zwecke nachahmte, bis zum Staatskirchentum bei *Konstantin*; das Griechentum und das Römische Reich wurde gleichsam getauft, nicht nur in seinen Menschen, auch in seinen Institutionen. Auch der spätere Zustrom der germanischen und slawischen Völker und ihrer Denkweisen wird römisch-christlich eingearbeitet. Diese antike Herkunft ist tief verwurzelt; noch heute ist

Rom die Hauptstadt der katholischen Welt. Ist das Christentum also unaufhebbar römisch und im Hintergrund griechisch (nicht nur in der Sprache seiner Evangelien), und ist seine jüdische Wurzel zumindest kulturell eindeutig überformt?

Im Christentum jedoch ist ein Stachel, ein *plus ultra*, das in *einer*, auch in *seiner* 2000jährigen Kultur nicht nur aufgeht. Denn die Frage nach der Beziehung von Christentum und Kultur ist sachlich verwandt der Frage nach der Beziehung des Christentums zum Menschen: Wieweit der Mensch überhaupt den Anspruch der Offenbarung in sein Leben einlasse und welche Bedingungen er dem Andrängenden biete. Oder umgekehrt formuliert: «Alle Schöpfungen der Natur wie auch der Kultur sind unmittelbar nie Schöpfungen des Christentums und seines Geistes, welches der Heilige Geist ist, sondern sind Schöpfungen der von Gott geschaffenen Naturmacht und des von Gott erschaffenen Menschengeistes.»[8] So daß es nicht die geradlinige Aufgabe des Christentums ist, Kultur zu schaffen – dies geschieht gleichsam *obliquo*, indirekt, sondern seine geradlinige Aufgabe ist es, die Wahrheit zu bezeugen: die Wahrheit über Gott wie über den Menschen, deren Elemente oben entfaltet sind. Hier liegt aber der gefährliche Punkt: daß solche Wahrheit das Vorhandene und Gewachsene nicht nur bestätigt oder berichtigt, sondern auch von Grund auf sprengen kann. Wahrheit ist wesentlich auch ein *excessivum*. «Das Leben im Geiste und das in einem Hause geborgene Glück geraten immer wieder in Widerspruch.»[9] Viel schärfer *Caterina von Siena* im 14. Jahrhundert: «Um ganz in Ordnung zu kommen, muß alles bis auf den Grund zerstört werden.» Ein ungeheurer Satz, den sich nur das Christentum, und auch nur um den Preis des Mißverständnisses, leisten kann. Die Spielräume der Kultur und auch der Politik, von denen nochmals *Theodor Haecker* spricht, *mundum tradidit disputationi eorum*[10], genießen eine gewisse freizügige Gleichgültigkeit – das Christentum aber fordert Gültigkeit, Scheidung und Standpunkt, eine letzte Fixierung am *Crucifixus*. Um dieser Festlegung auszuweichen, ließen die Iren ihre Kinder nicht ganz taufen, hielten den rechten Arm über Wasser, damit er das Schwert führen und die Mädchen umarmen könne, wie *Kierkegaard* notiert[11]. So gibt es offenbar wohl einen innigen Bezug zwischen Christentum und europäischer Kultur, aber nicht oder nur in seltenen, eher individuellen Konstellationen bei den Heiligen, eine unlösbare Vereinigung. Christentum ist nicht einfachhin Abendland, das ja auch eine widerchristliche Geschichte hat. Aber nirgendwo anders als dort fand es seine geschichtlich kraftvollste und eindrücklichste Gestaltung; und zwar, das ist die Besonderheit, im Namen nicht des Abendlandes, sondern des im Weltmaßstab Gültigen. Denn es hat auf diesem Kontinent durch die 2000 Jahre hindurch als Stachel im Fleisch gewirkt, als Widerpart und Anwalt des noch nicht Geleisteten, als Salz des allgemein, nicht bloß europäisch Menschlichen.

Das führt auch zu einer sachlichen Antwort auf den heute formulierten Anspruch, das Christentum solle endlich seine europäisch-abendländische Hülle abstreifen. Wenn das heißt, daß sich das Christentum nunmehr auch anderwärts inkulturieren müsse, dann ja. Wenn das heißt, daß die christlich-europäische Entwicklung der Menschenrechte und der Vernunft und des alle Bilder aufhebenden Gottes auf vielerlei gegenläufige Meinungen hin relativiert werden müsse, dann nein. «Ein zu Kultur und Geschichte präexistentes Christentum, ein kulturell entblößtes, ein kulturell nacktes Christentum gibt es nicht... Das Christentum muß sich als Träger jenes europäischen Geistes begreifen, der nicht nur in der eigenen Freiheit, sondern in der Freiheit des anderen sich selbst erkennt und zu sich selbst kommt.»[12]

In der Wendung zur Zukunft muß dieser Zusammenhang aufmerksam bedacht werden. Jede Kultur unternimmt das Behausen des unbehausten Menschen, sein Heimisch-Werden im Unheimlichen der andrängenden Lebensfragen. Geschichtlich bedeutet das immer eine Verbindung von Kultur und Religion, welche schon im Wortsinn Rückbindung an den Ursprung ist. Erst die Aufklärung des 18. Jahrhunderts hat – wiederum im christlichen Kulturbereich – den religiösen Weg ins Endgültige, die rituelle Sicherung des Jenseits bestritten und eine nicht- und gegenreligiöse Kultur oder Autonomie des Diesseits heraufgeführt. Daß sie sich ihrerseits christlichen Anstößen verdankt, nämlich der Wertschätzung der Vernunft, sei hier nicht weiter ausgeführt. Damit schien, schon am Ende des 19. Jahrhunderts, das Christentum ausgedient, und es antwortete seinerseits auf den «Modernismus» mit allen Zeichen der Abwehr. Zahlenmäßig verlor und verliert es die Gläubigen; in der Gesamtkultur scheint es nur noch eine Größe neben anderen, wie in Kunst und Politik anschaulich. Eben postchristlich postmodern. Noch dazu wird es, in einer Art von Schock über das Erreichte, für die bisher unbeleuchteten Rückseiten der Kultur verantwortlich gemacht: für die Herrschaftsgebärde gegenüber der Natur, also für Wissenschaft, Technik, Industrie als «räuberische» Größen. Das Abendland ist seiner selbst höchst unsicher geworden; Fluchten in andere Religionen und Philosopheme wollen dem als zu freizügig empfundenen Habitus entkommen – und sei es mit einem so merkwürdigen Zwitter wie dem «Eurotaoismus»[13].

Ist das Christentum damit am Ende? Vielleicht nur noch als Abstoßpartner von Gewicht? (Wie es sich auch heute noch im zeitgenössischen Theater lohnt, aus der christlichen, mindestens der kirchlichen «Konkursmasse» des Gelächters halber zu zitieren.) Aus einem angebbaren Grunde ist das Christentum damit aber nicht erledigt. Wie es nie nur schlechthin Kultur war, sondern die Unruhe in der Kultur, so ist es heute auch in einer säkularen Gesellschaft – die so säkular übrigens nicht ist – Widerhaken und Triebkraft. Denn das Christentum war und ist, um den vorigen Gedanken erneut aufzugreifen, nie nur eine Religion im klassischen Sinn: Religion als Sachwalterin jenseitiger Sicherheit und diesseitiger Götterhuld durch Kult und Opfer, Zauber und Beschwörung; eben deswegen waren ja Kultur und Religion in ihrer Zielsetzung, der Bändigung des Unbekannten, so tief verwandt. Das Christentum ist natürlich *auch* Religion, indem es Brücken von hier nach dort baut, pontifikal. Aber in einem bestimmbaren Sinne ist es anders, und das ist der Grund, weswegen das allgemeine Verhältnis zwischen Kultur und Religion zur Beschreibung des christlichen Phänomens nicht genügt.

Denn in der jüdisch-christlichen Erfahrung wird das Religiöse nicht einfach verwaltet, gehandhabt. Sondern es gibt eine ungeheure Korrektur religiösen Bescheidwissens: Gott selbst. Seine Epiphanien gehen einzig von ihm aus, sie werden nicht herbeigezwungen. Er ist wohl anwesend für den Menschen, ja für seine gesamte Schöpfung, aber in der Form der Verhüllung, oder deutlicher: in der Form, die er selbst wählt, und die in Theologie nicht aufgeht. Eine der Verhüllungen ist das Kreuz, das wesentlich ungöttliche Symbol, eine andere der Jude und Zimmermannssohn selbst. Das heißt: Sofern die alten Götter Erweiterungen der eigenen Seele sind, oder mehr noch: Erfahrungen, die auf dem eigenen psychischen Resonanzboden gedeutet werden, sofern ihre Tempel Vorhallen der Ewigkeit waren, das Profane vor dem Sakralen schwand, so wissen Judentum und Christentum von der Souveränität und Entzogenheit Gottes, seiner

Ferne und Andersheit, die nur er selbst in Nähe wandeln kann. «Ich bin da, als der ich da sein werde» – dieser Gottesname, der kein Name ist, hindert die Fixierung, die Tempel, ja den Kultus. Anbetung im Geist und in der Wahrheit ist das einzige, was bleibt, oder auch: Geistliturgie, die ihre eigenen Zeichen übersteigt. Aber andererseits bindet Gott sich selbst freiwillig ins Endliche, eben in diesen einen Sohn, mit aller einschneidenden Nähe, auch mit der Fixierung in Brot und Wein, der Fixierung an das «Volk Gottes» (das freilich potentiell alle umfaßt). So ist die Botschaft dieser Religion paradox wie ihre ersten Dogmen: Gott ist Gott *und* Mensch, vor allem Anfang einzig gezeugt *und* doch zu Augustus' Zeiten von einer Frau geboren, immer *und doch* zeitlich, ganz anders *und* tief verwandt, innerlicher als das eigene Herz *und doch* unbezwingbar, dem menschlichen Rufen offen *und* vom Menschen nicht zu erpressen, auch von den Verwaltern des Heiligen nicht.

Dies gibt der Trägerkultur, der abendländischen, ihre eigentümliche paradoxale Spannweite. Auch der Mensch wird in das Maß/Unmaß des Paradoxen eingespannt. Die Welt, mit der er auftragsgemäß zu tun hat, ist wirklich, allen Schweißes wert, nicht Maya und flüchtige Spiegelung einer Götterlaune. Der Mensch ist wirklich in seinem einen Leben verantwortlich, nicht auf das Rad der Wiedergeburten geflochten, die ihn in den Metamorphosen dem Ernst der Existenz entkommen lassen. Und doch werden die Welt wie der Mensch nochmals einer Neuschöpfung unterzogen, die, wie *Caterina* sagte, alles abreißt, um das Fundament noch wunderbarer zu erneuern. Dies hat der europäischen Kultur die Anstrengung abgerungen, «zu haben, als hätte sie nicht». Oder: Die Schwebe zu halten zwischen den Unmöglichkeiten, hier die Welt wohnlich zu machen, wohnlicher als anderswo, und doch das Neue, Unmachbare, die «Ankunft einer fernen Huld»[14] zu erwarten.

Das bedeutet, daß das Christentum, wenn es handelnd und nicht bloß leidend auf das Jahr 2000 und das Künftige zugeht, Sachwalter des *ganzen*, und zwar paradoxalen Menschlichen bleiben muß. Wir haben im 20. Jahrhundert eine schlimme Erbschaft angetreten und weiter angehäuft. *Ossip Mandelstam*, wohl Rußlands größter Lyriker dieser Epoche, bemerkte: «Unser Jahrhundert gleicht einem wilden Tier, das mit gebrochenem Rückgrat auf die Spuren seiner Pfoten starrt.» Zwei große Spannungsbögen des Menschlichen sind im 19./20. Jahrhundert entgleist und haben ihm das Rückgrat gebrochen: Die Spannung vom Wir zum Ich ist zugunsten eines allmächtigen Wir, einer Partei, einer Klasse, einer Rasse aufgelöst worden. Die *Absolutsetzung des Wir im Sozialismus* und seiner Spielart, dem Nationalsozialismus, brachte jene gesichtslose, hörige Masse zum Vorschein, in welcher das Individuum und sein freies Gewissen Todsünde waren. Die Gesellschaft selbst erschuf und befriedete nun den Menschen, wie es *Marx* formulierte, Religion wurde als Rauschtrunk, Gott als Widerspiegelung des eigenen ungelebten Lebens aufgedeckt. Die sozialistische Gesellschaft unternahm die endgültige Einräumung ihrer Mitglieder ins Diesseits; und was zum Nachdenken anregen müßte: ohne das Diesseits auch nur im geringsten lebenswert zu machen. «So lebe ich / wie ein Affe unter Affen / mit sündiger Stirn / und einem Mal der Trauer. / Wie ein Sklave / dieser harten Steinmauern / renne ich immer wieder / gegen sie an» – noch einmal *Wassyli Stus*, der als Häftling im Nordural starb.

Aber auch die lebenswichtige Spannung im Menschen selbst ist entgleist und nicht wirklich gelöst und erlöst: die Spannung von Trieb und Selbst, von Leib und Geist, von Sein und Werdenkönnen. Als Lösung der inneren Uneinheitlichkeit bot sich die Psychologie an: Im 19. Jahrhundert neuentwickelt und unter atheistischen Vorzeichen angetreten, übernahm sie die Führung in die nunmehr eigene Tiefe, wo zuvor die Seelenführung zu Gott stand. So kam es zur *Absolutsetzung der Psyche* als selbstheilender Größe, mit ihrem heutigen Abgleiten in die Esoterik, den Egotrip. Die Suche nach dem Gral des eigenen Selbst hat mittlerweile lähmende Wirkungen gezeitigt, nicht zuletzt auf Kosten von Partner- und Kindbeziehungen.

Um aus der Ichfixierung herauszukommen, das heißt wirklich den Schritt auf sich selbst zuzugehen, wäre eine weitere menschliche Grundspannung, jene vom Ich zum Du, wahrzunehmen. Dieses Du meint ein personales Gegenüber, das ein Antlitz, nicht selbst nur eine Maske oder eine Nummer trägt. Denn der Mensch ist immer schon ausgestreckte Hand auf ein anderes, einen anderen hin. Hier kommt das Du Gottes ins Spiel, das ältere, unfaßbare, zutiefst personale. Die Beziehung auf dieses Antlitz, genauer gesagt auf dieses ungreifbare Antlitz, das nichtsdestoweniger wirklich und wirksam ist und über den Grad eigener Wirklichkeit entscheidet, ist kein Dekor der Kultur. «In jedem Menschen ist eine Stimme, die er nicht für das Echo der eigenen halten kann», sagte *Joseph Bernhart.* Das Hören darauf ist ein Angelpunkt der Selbstfindung, freilich unter dem Charakter des Wagnisses. «Es ist von dem scheinbar paradoxen Sinngesetz getragen, daß der Mensch sich nur dann gewinnt, wenn er von sich selbst weg- und in das ihm Entgegentretende hinübergeht; sich aber verliert, sobald er bei sich bleibt und sich selbst festhält.»[15] Der Atheismus kann dieses Heraustreten aus sich selbst bestenfalls als Struktur, nämlich als Dialektik buchstabieren; das Christentum spricht aber von Inhalt: von der wirklich lebendig machenden Begegnung mit dem Lebendigen. «Ich kann nicht sagen: die Brücke kann auf dem anderen Ufer aufruhen oder auch nicht, und doch immer Brücke bleiben. Das wäre ein Unsinn, denn nur darin ist sie Brücke, daß sie sich von diesem Ufer erhebt und auf dem drüben aufruht. So etwa ist zu verstehen, worum es sich hier handelt. Der Mensch ist Mensch nur in der Beziehung zu Gott. Das ‹Von-Gott-Her› und ‹Auf-Gott-Hin› begründet sein Wesen», so *Guardini.*

Braucht die Kultur, auch die heutig-«säkulare», das Christentum? Sie braucht es als Garant menschlicher Ganzheit, als Heilung (heil meint *whole*) von den genannten Übeln der unmittelbaren Vergangenheit, welche das Denken immer noch besetzt halten. Zugleich braucht die heutige Kultur *nicht* das einseitig angeglichene Christentum: welches selbst in einer Wir-Ideologie verstrickt ist und die Freiheit verrät, weil Christen die besseren Marxisten seien (Stichwort Christentum und Sozialismus); sie braucht auch nicht jenes, welches die Ichsucht des einzelnen unerlöst zementiert (Stichwort Psychologisierung des Christentums, Erlösungsmythen-Mix von Bestseller-Autoren); sie braucht ebensowenig jenes, welches nur auf ein Jenseits die Hoffnung wirft und alles Sonstige treiben läßt, etwa die Arbeit in Institutionen (Stichwort unpolitische Sakralität der Ostkirchen). Statt dessen ist die Benennung *aller* Elemente des Menschlichen vom Christentum erfordert: Freiheit, Gleichheit der Chancen und des Rechtes, bereits wirksame Erlöstheit, Kraft (nicht bloß Arroganz) zur Gestaltung der Erde und der gemeinsamen Geschichte, Konkretion der Politik durch Christen, schließlich Bewußthalten der elementar menschlichen Spannung nach oben, denn: *Dominus Illuminatio Nostra,* der Herr ist unsere Erleuchtung.

Beinahe jeder Kultur können diese Koordinaten des Menschlichen inspirierend zugesprochen werden – jeder Kultur nämlich, die den Menschen nicht von seiner Spannung, seiner eigentümlichen Schwebe zwischen den vielerlei Vorgaben der Wirklichkeit abgeschnitten hat. Aber es gibt in der Moderne, ja bis in die unmittelbare Gegenwart hinein auch die unfruchtbaren, mehr noch: zerstörerischen

Kulturen, die ihre Mitglieder wirksam kastrieren. «Was ist das Glück?, sagt der letzte Mensch und blinzelt», wie es bei *Nietzsche* heißt. Dieser graue letzte Mensch und seine Kastration sind untherapierbar (obwohl sogar hier ein Fragezeichen steht). Wo aber Erfahrungen des geheimnisvollen, jedoch unzweifelhaften «Mehr» am Menschen die Kultur bestimmen, ist «dem unbekannten Gott» die Seele geöffnet. Hier hat das Christentum immer seine Stunde und seinen Auftrag der Kultivierung solcher Erfahrungen, nicht aus Besserwisserei und Sucht zur Einverleibung, sondern von der Sache her. Umgekehrt: Wo das Christentum verworfen wird, aus aktiver Theorie, nicht bloß aus Unkenntnis und Langeweile, ist die Pest des «letzten Menschen» greifbar nahe, den selbst der Gedanke von Glück anödet. Werden die gigantisch mißratenen Jahrhundertexperimente den kommenden Generationen jene glücklose, unkultivierte und geistverlassene Variation des Menschen gegenwärtig halten?

Um es in einer historischen Erzählung zusammenzufassen: Als Byzanz, das alte Ostrom, im 5. Jahrhundert in Straßenkampf und offenem Aufruhr tobte, wurde ein Rat abgehalten, ob der Kaiser kämpfen oder fliehen solle. Die anwesende Kaiserin sagte das lakonische Wort: «Du, Justinian, magst fortsegeln; das Schiff liegt am Kai und die See ist noch offen; ich aber werde bleiben und aushalten, denn ‹das Reich ist ein schönes Leichentuch›.» *Toynbee,* der die Geschichte wiedergibt, ergänzt: «Ein noch schöneres Leichentuch ist das Reich Gottes» – denn aus ihm läßt sich auferstehen.[16] Diese unauflösliche, unaufhörliche Spannung zwischen *Basileia* und *Basileia tou Theou*, zwischen politischem Reich und Reich Gottes, ist die Triebfeder der europäischen Kultur. Und in Zukunft, wie sich hoffen läßt, auch anderer Kulturen. Genauer: Weil die Reiche vergehen, nicht zuletzt an ihren Unmenschlichkeiten, und trotzdem das

Reich Gottes immer erneut auferstehen kann, ja ein für allemal auferstanden ist, bleibt das Christentum für die Bestimmung des Menschlichen maßstäblich. «Eines Tages ist ein sengender Blitz durch uns hindurchgefahren und hat eine Narbe des Glücks hinterlassen, die kann man niemals auslöschen.»[17]

Und trotzdem.
Warum ich als Frau in der Kirche bleibe

Eine Redensart sagt: «Es ist wichtig für ein schönes Kind, seine Eltern gut zu wählen.» Schön oder nicht, ich habe meine Herkunft in einem bewußten Abschnitt meines Lebens gewählt: die Kirche, in der besonderen Form der Catholica.

Nun soll ich Gründe dafür auflisten, in einer Atmosphäre, in der offensichtlich viele Gründe dagegen sprechen. Dabei ist die gesellschaftliche Atmosphäre selbst nicht einmal kämpferisch, jedenfalls nicht gehässig wie zu Zeiten des Kulturkampfes oder des Nationalsozialismus; der vorwiegende Zug der Zeit ist eher Gleichgültigkeit, eine friedliche Post-Christian Post-Modern Post-Era. Der Ärger steigt vielmehr von innen auf; die Glaubenskrise ist doch eher eine Kirchenkrise. Hauptgrund scheint eben die Kirche selbst – erreicht die religiöse Sehnsucht der Leute nicht mehr – verliert die Frauen – schwört sie auf alte Rollen ein – predigt eine unlebbare Sexualethik – bedrückt die Gewissen – mischt sich ein – zwingt ihren eigenen Leuten (Priestern) einen unnatürlichen Lebensstil auf – übt zuviel Macht aus – lebt nicht nach dem Evangelium – hat die Gestalt Jesu längst verraten – ist zu reich – zu dogmatisch – zu weltfern – läßt sich von der Vernunft nicht überprüfen – verändert die Not der Welt nicht – weiß viel zuviel über Gott Bescheid – handelt mit unausgewiesenen Pauschalen (Sünde, Erlösung, Erbarmen) – hat sich in der Geschichte schwer belastet (Inquisition, Hexenurteile, Kanonensegnung) – kann die Ungereimtheiten des Lebens auch nicht auflösen, nur wegreden – lebt Hierarchie statt Dienst.

Das klingt klischiert und wird tatsächlich oft nur als Repertoirestück aufgeführt, ist auch keineswegs unwirksam. Doch gegen lustvoll Ausgedroschenes könnte man sich abdichten. Genauer, tiefer treffen aber heute die analytischen Versuche, vielfach von Christen selbst, der Kirche auf die unheilige Spur zu kommen. Eine vielbändige Kriminalgeschichte der Kirche liegt als Bestseller vor (*Karl-Heinz Deschner*), die Enthüllung ihrer psychotischen Kleriker verkauft sich glänzend (*Eugen Drewermann*), die Sexualneurose der ganzen Institution ist sozusagen aufgewiesen (*Uta Ranke-Heinemann*). Das zu einem Zeitpunkt (in West), als anderwärts (in Ost) dieselbe Kirche die einzige nicht zum Schweigen gebrachte Stimme gegen das Tier mit den vielen Hörnern, gegen die Diktaturen war. Um so nachhaltiger hier die Versuche, die Heilige, die doch in Auftritt und Gebaren scheinheilig, vielleicht widerheilig ist, zu entlarven. Oder, kühler noch, zu zeigen, daß ihre Vertreter mit bestem Willen beginnen, durch das «System» aber unmenschlich werden (und die Gläubigen mit ihnen). «Wie vormals gegen ihre Feinde muß sich die Kirche heute zuweilen vor ihren eigenen Kindern verteidigen. Hamlet, der seiner Mutter das Gewissen erforscht, ist die Rolle Tausender auf offener Szene, Zehntausender hinter den Kulissen geworden.» So *Joseph Bernhart* 1935, so die Lage heute.

Besonders wer heute über das Thema «Frau» schreibt, selbst eine Frau ist, und das Ganze in die Helle des Christentums stellt, gerät ohne weiteres Dazutun in den Drachenwald. Die eine Seite: die Abrechnung mit dem Christentum in einer bestimmten Variante feministischer Abrechnung. Gar die Kirche! Sie wird gnadenlos verabschiedet, besonders wenn ihre Geschichte angelesen, im wundervoll griffigen Klischee weiter ausgeschrieben und gleich aufs Pikante hin aussortiert ist. Bestseller-Schlachtfeste: Hier kann man es wieder einmal sehen... Nämlich: daß Geschichte herrlich ungeschichtlich unter den Leitlinien heutiger Emanzipation abgefragt werden kann. Nicht ohne meine Vorurteile! Hier stehen die Väter in der Mutter Kirche, aber auch die unemanzipierten Mütter in der Männerkirche vor dem Tribunal, das längst schon weiß, was es beweisen will: Schuld. Schuld, wer im Langvergangenen meine und aller anderen innerste Denkabläufe so blockiert hat, daß ich leider bin, was ich bin. Wie weit wären wir Frauen ohne einen *Paulus*, wie unverklemmt ohne *Augustinus*, wie selbstsicher ohne *Thomas'* These vom verkorksten Mann in uns, und so die unehrwürdige Ahnengalerie bis zum heutigen Tag. Seelenbehinderung, männliche Gottesbildvergiftung, die «weibliche Sprache» zwischen die Zähne zurückgewürgt – damit stehen wir geschwisterlich frierend im erkältenden Patriarchat und müssen uns an fernen anderen Schwestern wärmen.

Wer heute zur Kirche gehört, kann das nur «trotzdem». Leiden an der Kirche ist in, Kirche selbst ist mega-out.

Die Menschwerdung der Frau im Christentum

Es gehört zur Lage, daß solche Vorhaltungen zu einem Teil unleugbar sind; es hat keinen Sinn, sich darüber zu betrügen. Es gehört auch zur Lage, daß die Kirche wenig Gegenwehr aufbringt, wenig Anziehung bietet, wenig Anstrengung macht, die heutigen Anfragen an sie mit Charisma (= Charme) oder auch nur mit der Sprache von heute aufzugreifen. Entweder ermüdet sie an der gleichgültigen Wirklichkeit oder sie kapituliert vor der eigenen Geschichte oder sie erhofft Heilung von Gruppierungen, die ihre Energie auf Selbstbewahrung und Selbstvermehrung im Hergebrachten richten.

Ja, auch in der Frauenfrage ist die Kirche selbst ihr eigenes Problem. Anstelle des Leuchtfeuers, das sie in ihren Ursprungsschriften bei sich trägt, ihr zähes Widerstreben gegen die eigenen Frauen. Ihre Ausflüchte, wenn wirkliche Argumente auf dem Tisch liegen; ihr Verschanzen in einer altertümlichen Metaphysik des Heilig-Weiblichen, dem angeblich alle pastorale Sorge gilt, vor allem jene, Frauen von der ernsthaften Mitsprache für das Ganze fernzuhalten. Amt ist Dienst, Dienst ist schwer – wie sollte man euch diese Bürde aufladen... Und so verschenkt, vertrödelt, vergrämt die Kirche ihre eigenen Erzeugnisse, denn Emanzipation ist ein altes christliches Erbe, und das weiß sie sehr wohl, läßt es auch bei Tagungen über die Kulturkraft des Christentums immer frisch aussprechen. Nur kam leider der Mut abhanden, sich dieser eigenen Schätze, des eigenen Pulvers aus der Pulverkammer zu bedienen. Die Schätze aber, die der rechtmäßige Eigentümer nicht nutzt, sogar verleugnet, werden einmal vom Geber aller Gaben enteignet und den Knechten ausgehändigt, den Mägden, um im Bild zu bleiben. Dieser Vorgang der Enterbung läuft.

Trotzdem *bleibe* ich nicht nur – gerade noch – in der Kirche, ich *bin* in ihr. Und ich wünschte, es würde jenseits von Verteidigung und Angriff gelingen, die Gründe dafür aus der Sache heraus darzustellen. Sofern die Sache Bestand hat, bedarf sie keiner Apologetik. Sie bedarf einer Augenöffnung, und auch diese will ich nicht erstrangig auf Glaubensaussagen abstützen (die nicht viele teilen), sondern ich will auf Geschichte, Daten, Erfahrungen, Theorie verweisen.

Warum ich also in der Kirche bin? Und das als Frau?

Weil es tatsächlich eine Art irdisch-geschichtliches Wunder am Christentum gibt. *Paulus* hat es formuliert; das Zitat mag vielleicht vernutzt sein, ist aber selten verstanden: «Es ist nicht Jude nicht Grieche, nicht Sklave nicht Freier, nicht Mann nicht Frau, alle seid Ihr eins in Christus.» (Gal 3,28)

Wenn man über diese unsterbliche, in der ganzen Antike, auch bei *Sokrates*, nie gehörte Botschaft nachdenkt, so war auch die berühmte Erklärung der Menschenrechte nur ein Neusingen dieser urchristlichen Melodie. Diese unerhörte Melodie ist das Konzept der freien Person, unabhängig von Geschlecht, Bildung, Rang und Würden, Volk und Rasse, Können, Nichtkönnen. Dies hat das Christentum vom Start weg über die spätantiken Religionen hinauskatapultiert, hat es als Sprengsatz in die Geschichte eingebaut: als Sprengsatz der vielerlei religiösen Vorbehalte, wer zu welchem Gott hinzutreten dürfe, wer überhaupt kultfähig, wer letztlich ein Mensch sei.

Und es waren die Frauen, die den Geruch vom Ende der Sklaverei, auch der religiösen Sklaverei, schnell erfaßten. Zweifellos fanden sie sich in den früheren magisch-mythischen Kulturen wie in den späteren Vater-Kulturen «eingeräumt»: als Fruchtbarkeitssymbol, als Gebärerin, als Sexualreiz, als Dienerin und gefügiger Besitz... In manchen dieser Zuordnungen steckte unterschwellige Macht, in vielen, oft gleichzeitig, Zähmung und Brechung des Weiblichen. In keinem Lebensentwurf aber ging es, konnte es gehen um Freiheit. Wenn Griechenland von «Eleutheria» redete, so meinte dies ausschließlich die Freiheit weniger Männer, die weder Sklave noch Weib noch Barbar waren. Und nur ein solcher Mann war Mensch, der größere Rest war Nicht-Mensch. Wenn aber *Paulus* von Freiheit spricht, meint er die alle einschließende Freiheit. Erlösung heißt hier präzise die Lösung von der Macht der Ungleichheit.

Ein solches Begreifen war durch den Alten Bund vorbereitet und läßt sich geschichtlich dingfest machen: Zu vielen Tausenden bekehrten sich Heidinnen der hellenistischen Welt zum Judentum. Denn es bot zu dieser Zeit Zuflucht für Frauen; dort suchten sie Würde und Freiheit. Man muß sich erinnern: Im Alten Testament gibt es keine Fruchtbarkeitsgöttinnen, keine Tempelprostitution, sondern Prophetinnen, Richterinnen, Mütter des Glaubens. Und das Christentum begann seinen siegreichen Zug von den neujüdischen Gemeinden im Ostteil des Römischen Reiches aus. Frauen waren dort der zahlenmäßig größte Teil; ihre herausragende Mithilfe bei der Befestigung des Christentums ist bezeugt durch die berühmte Namensliste des *Paulus* am Ende seines Römerbriefs. Ja, es scheint, daß das junge Christentum in den ersten Jahrhunderten einen ungeheuren Zulauf von Frauen hatte, weil es nämlich die Lebensform der unabhängigen Frau, als Jungfrau oder Witwe, entwickelte, sehr im Unterschied zu den vielerlei Rechtlosigkeiten der spätantiken Ehefrau, von den Sklavinnen ganz zu schweigen. Der bekannt mißgünstige Kritiker des Christentums, *Celsus*, schreibt im 2. Jahrhundert voll zeitüblicher Verachtung: «Dementsprechend spielt sich auch die christliche Predigt im Souterrain des sozialen Lebens ab: in den Frauenkemenaten, den Schusterwerkstätten und den Walkereien.»[1] Der außergewöhnliche Zulauf selbständiger Frauen führte bereits im 1. Jahrhundert zu der schwierigen Lage, daß die jungen Gemeinden offenbar zu wenig Geburten aufwiesen, weswegen die Christinnen erneut darauf verpflichtet werden: «Die Frau wirkt aber ihr Heil durch Kindergebären.» (1 Tim 2,15) Das heißt aber, gegengelesen, daß die Christinnen von Anfang an sich unter dem neuen Zeichen der Personalität einfanden, und Personalität bedeutet wesentlich Freiheit, Eigenstand.

Diese Selbstverständlichkeit zieht sich durch die 2000jährige Geschichte kirchlichen Wachstums. Natürlich liegt deswegen kein goldenes Zeitalter hinter uns. Aber eine vorher undenkbare soziale Dynamik brachte eine christliche «Frauengeschichte» hervor, die freilich keineswegs schon geschrieben oder hinreichend im heutigen Bewußtsein gegenwärtig ist. Durch alle europäischen Jahrhunderte finden sich

Frauen (die große Caterina von Siena!), die sich auf nichts als ihre Geistbegabung und Sendung berufen; besonders erwähnenswert die Klöster, in denen reiche Lebensformen der selbständigen und gebildeten Frau entspringen. Gerade hier zeigt das Eindringen in die Geschichte weit mehr weibliche «Selbstverwirklichung», als von der Blickeinengung des 19. und 20. Jahrhunderts aus möglich erscheint.

Nun wird an dieser Stelle Einspruch laut, sogar notwendig. Mittlerweile ist fast buchhalterisch aufgelistet, wie die christlichen Gesellschaften ihrerseits an der Unterordnung der Frau feilten, gedanklich wie praktisch. So hat sich in den letzten Jahren ein Verdacht ins Glaubensgefühl geschlichen; von nicht wenigen Feministinnen wird er herausfordernd geäußert, von anderen eher unbehaglich empfunden: Verbaut unsere jüdisch-christliche Herkunft am Ende eine wirklich neue Geschlechterbeziehung? Irritierend gegenwärtig sind zudem andere Modelle: etwa die verbreitete Auffassung, daß erst die Renaissance und letztlich die Aufklärung die strahlende Vision von freier und vernünftiger Menschlichkeit, auch für die Frau, geschaffen hätten – im Gegenzug gegen christliches Dunkelkammerdasein. Aber nicht nur von der selbstbewußten Neuzeit, auch von «rückwärts» wird die jüdisch-christliche Welt bedrängt. Die gegenwärtige Frauenforschung hat ein fast neues Gebiet eröffnet, das Studium «matriarchaler» Kulturen, worin die Göttinnen selbstverständlich, die Aufgabenbereiche der Frau vielfältig, fremd, anziehend anders sind. Zahlreiche Frauengruppen glauben, im Blick auf diese «einstigen Mütter» endlich ihr verlorenes Pantheon, den Raum eigener «weiblicher Kraft» zu finden.

Diese «Bedrängnisse» des Christentums, von innen wie von außen, sind ernst zu nehmen. Warum lehrte *Teresa von Avila* ihre Schwestern ein Dankgebet, weil sie ins Kloster und nicht in die Ehe berufen seien, wo sie doch nur geschlagen würden? Warum hatte *Tertullian* die Frauen zum Einfallstor der Sünde erklärt? Warum wurde *Mary Ward* mit ihrem genialen Konzept der Mädchenbildung aus geistlichem Munde daran erinnert, daß sie ja doch «nur eine Frau» sei? Oder prüft man nur die letzten 100 Jahre kirchlicher Aussagen über die Frau, und zwar *quer durch die Konfessionen*, so findet sich allenthalben der Tenor einer deutlichen Aufgabenscheidung von Mann wie Frau mit selbstverständlicher weiblicher Unterordnung gekoppelt.[2] Europa soll neuevangelisiert werden. Vorschlag: Mit der Neu-Evangelisierung der Kirche zu beginnen, das übrige wird hinzugegeben werden (wie versprochen). Solange die Kirche nicht im Spiegel ihrer Testamente das Gesicht der Freiheit auftauchen sieht, den Freien selbst, so lange wird sie das Wort Emanzipation in ihrem Munde hin und her drehen wie eine faule Frucht, unfähig, ihr eigenes Kind von einem Wechselbalg zu unterscheiden. Diese Unterscheidung wird ihr aber niemand abnehmen, denn dazu hat sie den Geist als Prüfer der Geister erhalten. Diese Prüfung macht erschrocken halt, wenn es um die Frauen geht: Hundert ausweichende Überlegungen, weshalb es ganz unbiblisch wäre, wenn... Und was die Kirche so kostbar macht, ihr Hinunterreichen in eine riesige geschichtliche Tiefe, bis in den Boden anderer Religionen und Erfahrungen, eben das blockiert sie hier: Über die konkrete heutige Frau mit ihren modernen Fragestellungen, die durchaus anders sind als die der Großmütter, blendet das kirchliche Bewußtsein ältestes mythisches Gedankengut, Altlasten weiblicher kultureller Unterordnung, psychologisch Unaufgehelltes und Fragwürdiges, kurz eine Menge menschheitlichen und religiösen Wust an «Anderssein» der Frau. Man sage nicht, das sei wegen seiner archetypischen Verankerung nicht anders möglich. Es ist vielmehr von Grund auf möglich, daß das Christentum in seinen Grundzügen gegen diesen Instinkt antritt. Wenn seit den zwanziger

Jahren dieses Jahrhunderts nachdrücklich auch die rechtliche Minderstellung der Frau in der Kirche angefragt ist[3], so hat erst die Revision des kirchlichen Gesetzbuches von 1983 verschiedene anstößige, vom Geist des 19. Jahrhunderts bestimmte Vorschriften stillschweigend entfernt.

Die späte Aufrechnung solcher Tatsachen ereilt uns heute massiv. So massiv, daß die Hauptwahrheit außer Blick gerät: Nur im jüdisch-christlichen Kulturraum vollzog sich die Menschwerdung der Frau (und die Menschwerdung des Mannes, was ein anderes ungeschriebenes Kapitel ist). Aber – und dem diente diese Erinnerung an die Herkunft –: Noch der Ärger über diese Gegenläufigkeit kommt aus der Inspiration der Offenbarung. Von *Paulus* lernt man, was Personalität heißt, vor und über aller Biologie, vor und über aller kulturgeschichtlichen Einebnung des göttlichen Entwurfes vom Menschen.

Es gibt keinen rechten Sinn, zum Gegenbeweis auf die Kulturen der Mutter-Göttinnen zu verweisen: sind sie doch Symbole des Anonym-Fruchtbaren, der antlitzlosen Vervielfältigung. Und Göttinnen sagen noch nichts über den konkreten sozialen Rang der Frau aus. Wenn überhaupt, dann sprechen sie gegen ihn. Tatsächlich trifft die matriarchale Forschung sogar eher auf «unmodische» Überraschungen.[4] Freilich gibt es die Macht der weiblichen Fruchtbarkeit, den Zauber des Geschlechtes: So gesehen ist die Frau jedoch eine Funktion ihres Unterleibs, nutzbare Gynäkologie. Wie übrigens nicht wenige der alten «Venus»-Statuetten einen ausladenden Leib, aber nur eine Andeutung von Kopf aufweisen, und wie fast alle Namen für Weib *(gyne, femina, woman)* vom Genitalbereich abgeleitet sind. Im klassischen China war eine Frau für die Kinder, eine zweite für die ausgefeilte Technik der Liebe und eine dritte für Schönheit und Geist (zum Vorzeigen in der Gesellschaft) zuständig – eine dreifache Aufspaltung des Phänomens Frau in seine «verwertbaren» Teile.

Erstmals der Schöpfungsbericht, viel später dann die Worte Jesu haben den Eigenstand, die aus sich selbst aufsteigende Würde der Frau konzipiert. Ihre Freiheit ist nur in Gott begründet, nicht in einer Naturkraft oder einem Sippenzweck. Dieser mühsam gegen den Zeitgeist festgehaltene Gedanke läuft seither als Zündschnur durch die jüdisch-christliche Geschichte mit, auch gegen sie selbst. Und von dorther bildete sich keineswegs auf einen Schlag, aber beharrlich in immer neue und anders gepolte Kulturen eingepflanzt, das Bewußtsein von der Frau als Mensch heraus. Sogar und vielleicht ausschließlich verdankt sich auch der gegenwärtige Feminismus dieser beharrlichen Botschaft. Es gibt keinen ursprünglichen Feminismus im außereuropäischen bzw. außerchristlichen Kulturraum. Daher sollte man die wirklichen «einstigen Mütter» (und Väter) dieser Botschaft dort suchen, wo sie gründen: in der mühevollen, sich langsam ausformenden Dynamik der Offenbarung – nicht außerhalb und in der «blauen Ferne», in die man hinausträumt, was man im eigenen Hause verlegt oder aus den Augen verloren hat. Was zweifellos auch heißt, daß das eigene Haus kräftig durchgelüftet gehört – wenn nicht sogar die schärfere Formulierung des Petrusbriefes (1 Petr 4,17) in den Sinn kommt, daß das Gericht beim eigenen Haus beginnt, und dort härter als irgendwo anders.

Ein Kraftfeld für «mehr als Kirche»

Ich will aber über die Frage hinaus, weshalb ich *als Frau* in der Kirche bin. Weshalb bin ich *überhaupt* darin? Doch nicht, weil ich ein besonderes Naturschutzgesetz in Anspruch nehme. Sondern weil es um eine Erfahrung geht, die ich an der Kirche gemacht habe: daß sich in ihr und um sie herum ein Kraftfeld aufbaut, wo Geist, Geistiges sich sammelt. Ich will ein Bild aus der Chemie verwenden: Wird in eine kristalline Lösung ein entsprechender Gegenstand gehalten, so schießt an ihm die Lösung zusammen. Der Gegenstand ist ein «Leiter», an dem etwas Vorhandenes, aber Unsichtbares sichtbar wird, in die Kristallisation tritt. Dieses Bild trifft genau das Gemeinte: Kirche ist nicht einfachhin schon Geist, sie fällt mit dem Tempel des Geistes nicht nur zusammen. Auch hier gilt der griechische Scharfblick: «Viele Thyrsosträger, wenig Verwandelte» (viele Amtsträger, wenig Ergriffene). Aber trotzdem ist Kirche der Idee nach «Leiter», sie schafft ein mittelbares Kraftfeld, an dem sich vieles wirklich = wirksam anlagert. So findet sich *Simone Weil*, die nach Wahrheit jagt, bei den Dominikanern von Marseille 1940 zum Gespräch ein, nimmt dort «Heimat» wahr. Ebenso haben sich um die Kirche, sogar im Plural ihrer Konfessionen, die Kräfte des Widerstandes gegen die totalitären Staaten des 20. Jahrhunderts gesammelt – Christen wie Atheisten wie Agnostiker, die hier ein Unbeugsames witterten, schwerer einzunehmen als andere Institutionen. Es ist das Ziel hinter den hiesigen Zielen, weswegen sich die Kirche (wie die Synagoge) nicht unter die Planierraupen der Machthaber werfen läßt. Es ist das Bild des Menschen, der mehr ist als er selbst, aus anderem Stoff als nur aus Erde – dieses Bild bewahrt die Kirche (wie die Synagoge) in allen Schändungen, das Bild der Würde noch im Dreck, des Menschen in seiner göttlichen Vision. Diese innerste Übersteigung wird gewittert; selbst wenn sie nicht religiös angenommen wird – empfunden wird sie.

«Wer da bedrängt ist findet
mauern, ein
dach und
muß nicht beten.»[5]

Aus diesem Grund ist Kirche gerade als System nicht abzuschaffen. Was nicht heißt, man müßte nicht beständig ihre zentrifugale (sich von der eigenen Mitte trennende) Schwerkraft wachsam im Auge behalten. Die verschiedenen Sünden, Versuchungen und Bremswirkungen des Institutionellen sind eine Seite. Die andere Seite ist aber – schlicht historisch, nicht glaubensmäßig gesprochen – die Institution als Platzhalterin für das Menschliche. Dies ist sie international, quer durch die Rassen, die Völker, die politischen Systeme hindurch, ja quer durch die Wissenschaften hindurch. Auch in dem Sinne, wie es *Gilbert Keith Chesterton* formulierte: «Nur die Kirche kann den Menschen vor der erniedrigenden Knechtschaft bewahren, ein Kind seiner Zeit zu sein.» Sie hält dem Denken das Absolute vor für das von Grund auf Menschliche, das Sittliche, das Verantwortliche. Wie ein Schacht, der zum Grundwasser vorgetrieben ist. Wie das Salz, das noch salzt. Wer denn sollte diese Aufgabe noch übernehmen, den Menschen an seiner absoluten Würde zu messen – und nicht mit dem Maß der Parteidoktrin, des Zweckes, der für das Individuum tödlichen Ideologien? «Sie sagen, der Mensch gehe sie nichts an, man müsse ihn wie einen Ziegelstein benützen, wie Zement, man müsse aus ihm, nicht für ihn bauen« – so *Ossip Mandelstam*, Rußlands großer ermordeter Lyriker über seine und vieler anderer Millionen Mörder. Wer steht denn gegen die zementartige Brauchbarkeit eines Menschen, wenn nicht die von der Kirche schlecht und recht (ja schlecht und recht) gehütete Überzeugung von der Würde eines jeden?

Ferner: Im Gegensatz zu der beklagten und vorhandenen Starre zeigt die Kirche im Gang durch die Geistesgeschichte eine oft übersehene, überraschende Offenheit, die anderen, jüngeren Systemen weithin mangelt. Es ist die Offenheit der redlichen Wahrheitssuche, gepaart mit Intelligenz. Die gegenwärtige Theologie hat zum Beispiel die großangelegte

Religionskritik des 19. Jahrhunderts nicht als antichristlich weggeschoben, sondern ernst genommen (und damit überwunden). Wo *Nietzsche* von Christen gelesen (und verstanden) wird, ist Intelligenz im Spiel, dort geht das Denken weiter, und von der Sache her auch über *Nietzsche* hinaus. Wo griechisch-römische Philosophie und Kultur von Christen aufgegriffen und an das Maß des neuen Logos gehalten wurden, hat schon früh derselbe Typus offener Intelligenz gewirkt. *Augustinus* hält mich in der Kirche, auch *Guardini*, auch *Edith Stein*. Nicht jeder einzelne Satz von ihnen, das wäre ja wieder kindlich, sondern ihre Haltung des Sehenwollens, des furchtlosen Denkens. Man mag sich einen *Karl Rahner* für die Allgemeinheit verständlicher wünschen; wichtig ist, daß es diesen Anspruch von Glauben *und* Denkvermögen in der Catholica gibt. (Eine Klammerbemerkung: Gerade wenn man in der Philosophie zu Hause ist, sieht man, daß die meisten philosophischen Fragen theologisches «Grundwasser» enthalten, auf Etüden der Theologie zurückgehen.)

Man sage nicht, das wären nur einzelne persönliche Leuchtfeuer. Auch Kirche insgesamt, als Summe ihrer Gläubigen, setzt sich aus, öffnet sich Entwicklungen, die sie selbst nicht angetrieben, ja vielleicht anfänglich nicht gewünscht hat. Tatsächlich ist und war sie in der Lage, machtvolle geschichtliche Anstöße einzuarbeiten, sich Wahrheit – fremder Herkunft – zu eigen zu machen. Diese Fähigkeit zur Integration ist Kraft. Um so mehr, als darin genügend Gefahr wartet: über dem Fremden das Eigene aufzugeben. Diese Furcht wird zweifellos gegenwärtig empfunden: Verliert die Kirche sich selbst im Sog der Moderne? Paßt sie sich feige an, bräuchte es nicht in vielem ein hörbares Nein? Dieser Frage sei hier nicht weiter nachgegangen; sachlich genommen ist es jedoch wichtig zu sagen: Grundsätzlich beweisen das Öffnen und Sich-Stellen, erst recht das Anverwandeln Kraft, nicht Schwäche. Um diese Behauptung in der Geschichte dingfest zu machen: Mindestens dreimal hat die Kirche eine außerordentliche Energie zur Reform aufgebracht, indem sie andere Reformationen eingearbeitet, zur eigenen Sache gemacht hat. Die erste Herausforderung kam von den Katharern, der Bewegung der «Reinigung», durch Armut und evangelisches Leben. Es gelang *Franziskus von Assisi* und seinem jetzt 700jährigen (!) Orden, diese Bewegung in die Orthodoxie einzubinden, ja die Kirche nachhaltig und lebensrettend damit neu aufzurichten. Die zweite Reformation der Protestanten wurde ihrerseits durch Reform beantwortet, das heißt im Grund als notwendig bejaht: Das Konzil von Trient holte – leider im nachhinein – viele Forderungen *Luthers* ein; die spanischen «Reformatoren» *Ignatius von Loyola, Teresa von Avila* und *Johannes vom Kreuz* sowie die Engländerin *Mary Ward* führten mit Hilfe neuer Konzeptionen die rettende Öffnung auf die Anforderungen der Zeit durch. Jüngstes Beispiel: Wir selbst leben gegenwärtig in einer Reformationswelle unserer Kirche. Sie begann 1944, als die Kirche nach bekanntem, langem Zögern das Konzept der Demokratie als politische Doktrin annahm. Und sie wurde fortgesetzt durch das Konzil von 1963–65. Dieses Konzil muß überhaupt als stärkste Manifestation des Reformgeistes in der Moderne gesehen werden, im besten Sinne des Worte als Entghettoisierung des Katholischen. Und es ist noch nicht beendet, hat wahrscheinlich noch nicht einmal seinen Gipfel erreicht. Wir leben mitten in der Veränderung, können sie aus der Nähe auch noch nicht beurteilen. Wo solche tiefgehenden Wandlungen möglich sind, gegen alle gerade religiöse Versuchung zum Beharren, ist Leben. Wo sich nicht die Altvorderen, sondern der Ursprung immer wieder durchsetzt, ist Leben. Änderung nicht aus Anpassung, sondern aus Einsicht: Diese Flexibilität ist ein Zeichen von Jugend, oder genauer: von Geist. Dagegen kann man halten die Langsamkeit, mit der solche Wandlungen vor sich gehen, die Opfer, die sie kosten – die Katharer wurden erst ausgerottet, dann sprang der Funke auf die Kirche selbst über. Heute hängt die Kirche zweifellos in der Frauenfrage nach. Dennoch sehe ich auch gegenwärtig so viele Zeichen der Erneuerung, der Selbstunterscheidung, daß der Organismus bei all seiner zähen Widerständigkeit nicht verknöchern wird. Eine Stauung bewirkt übrigens in der Regel nicht nur eine Kräftigung, sondern auch eine Reinigung der Frage. Offenbar müssen die Änderungen durch eine Geburtsmitte durchgehen, sind dann aber auch echt. Nur dauern Empfängnis und Austragen eines Problems meistens länger als eine Generation; so gewinnt man das Gefühl, man könne die Geburt nicht abwarten.

Ein damit verflochtener, mich ebenfalls anziehender Grund ist die Universalität der Kirche, ihr Einstehen für das Ganze, ihr Gewebe aus dem Ganzen. «Kostbar und vielfarbig ist das Gewand der Königin; das bedeutet: Die Geheimnisse des Glaubens werden ausgesprochen in all den verschiedenen Sprachen. Afrikanisch, Syrisch, Griechisch, Hebräisch und die vielen anderen Sprachen: Sie alle bilden in buntem Gewebe das Gewand der Königin... All die verschiedenen Sprachen also klingen zusammen zu dem einen einzigen Glauben in bunter Vielfalt – aber ohne Trennung.»[6] Hier ist ein Seitenblick anzubringen: Es gibt christliche östliche Nationalkirchen, in denen Christsein und ethnische Abstammung zusammengehören, denen ich also als Mitteleuropäerin nie wirklich angehören könnte. Ich könnte zur Orthodoxie konvertieren, aber wie russisch, bulgarisch, griechisch werden? Diese Betonung des Separaten scheint mir ein Widerspruch gegen die Grundbotschaft Jesu: daß es zu seiner Nachfolge nur der Ohren bedarf, um zu hören, sonst keiner Besonderheiten. Die christliche Denkweise hat gerade die Grenzen gesprengt, die klassisch den Menschen vom Menschen scheiden. So ist hinter das Nationale der Nationalkirchen ein Fragezeichen zu setzen. Während die alte Catholica ein Ausrufezeichen ist: Alle sind gemeint, alle Sprachen sind gültig, die Einheit ist polyphon. Hier sehe ich ein wirkliches, nicht nur erdachtes Beispiel für das heutige, sonst ziemlich leere Schlagwort von der interkulturellen Gemeinschaft: Wenn indische Schwestern deutsche Geisteskranke pflegen, wenn ein Pole Papst wird, wenn auf einer Ferieninsel ein Gottesdienst von einer Handvoll Laien und einem Priester in den fünf Heimatsprachen gestaltet wird, und es ist doch Wort für Wort, Geste für Geste das eine, Gemeinsame.

Szenen des Verrats und der Reue

Lesen sich diese Gründe nacheinander, so erscheinen sie (hoffentlich) verständlich, diskutabel. Eben das sollte der erste Anlauf auch leisten: nicht den schon Bekehrten predigen, sondern den nicht Überzeugten etwas Nachvollziehbares zeigen. Grundlage eines solchen Austausches können zunächst nur Fakten, Geschichte, Argumente sein, sichtbare Elemente. Ebenso ist klar, daß der «Glaube an die Kirche», wie ihn das *Credo* fordert, nicht mit den Tatsachen abgegolten werden kann, die rational, soziologisch, historisch entfaltet sind.

Dennoch meine ich, daß heute wieder, im Zeitalter ungeschichtlichen Eifers, die Diskussion der historischen und soziologischen Bedeutung der Kirche, als Institution wie als Ideenträgerin, zu führen ist. Und zwar in Balance zur heutigen Aufrechnung der historischen «Altlasten» der Kirche. Altlasten ja, leider Gottes, und gleichzeitig wirklicher und wirksamer Horizont für das Menschliche, für Mann wie Frau, für Zulus wie für Chinesen, für Gläubige wie für

Atheisten, für die modernen (Staats-)Sklaven wie für alle, die die Freiheit satt haben. Wir sind nicht in einer Art von «christlichem Sündenfall» von den «edlen Wilden» abgefallen, die *Rousseau* erfand. Ganz im Gegenteil. Nur wo Gladiatorenspiele und Menschenopfer abgeschafft sind, wie im Christentum, ist das Menschliche definiert.

Es muß aber noch, im selben prüfenden Rahmen, von dem die Rede sein, was heute so unerhört irritiert: Kirche als Schwachstelle. Gemeint ist das allzu Bekannte: der große Entwurf vom «Leib Christi» unter uns und das endliche Bekanntwerden mit alltäglicher Ferne zu diesen schönen Worten. Wie komme ich damit zu Rande?

Eigenartigerweise bewegt es mich anders als vielleicht erwartet. Die Schwachstelle eröffnet ein differenziertes Lesebuch über den Menschen. Sie läßt sich schon am ersten Hüter der Kirche ausfindig machen, der das Versprechen nie endender Freundschaft und gemeinsamen Kampfes noch in derselben Nacht widerrief und, als er später gekreuzigt wurde, auf eigenen Wunsch zur Buße mit dem Kopf nach unten hing. Ein Urbild der Kirche, ihres Versagens und ihrer unfreiwilligen Komik in der Stunde der Wahrheit. Ein anderes Urbild: Drei Frauen mit Salbgefäßen, die vor einer leeren Höhle stehen und nichts begreifen; als der Gesuchte aber wider alles Erwarten kommt, wird er mit dem Gärtner verwechselt... Diese Szenen sind der ständige Vordergrund für das 2000jährige Schauspiel, das sich Kirche nennt. Und es kann ja noch schlimmer ausfallen: Habsucht, Macht, Bereicherung am Heiligsten.

Hierin liegt etwas, was immer wieder bestürzt: das Porträt eines großen Ungenügens der eigenen Botschaft gegenüber. Wahre generationenalte Erfahrung von Schuld, Unfähigkeit, dem Geliebtesten gerecht zu werden, ja das Eingeständnis, nie wirklich geliebt zu haben. Aber hier scheiden sich auch die Wege der Schuldigen: auf Dauer in der Kälte des Verrats zu bleiben oder in das Drama der Reue einzutreten. «Und ging hinaus und weinte bitterlich.» Wegen letzterem lohnt es sich, trotzdem in der Kirche zu bleiben, in der Reue des *Petrus* und der *Magdalena* zu begreifen, was Mensch und Gott einander zu sagen haben. «Petrus muß ja auch recht lächerlich ausgesehen haben, als er mit den Füßen nach oben gekreuzigt war; es war einfach ein guter Witz..., und wie der eigene Saft ihm beständig in die Nase tropfte... Es ist sehr gut, daß hier spiegelverkehrt gekreuzigt wird; das gibt zu keinen Verwechslungen Anlaß, und trotzdem entsteht ein erinnerndes Spiegelbild des Einmaligen, Reinen, Aufrechten in den trüben Gewässern des Christlich-Allzuchristlichen. Es wird Buße getan für unvordenkliche Schuld, so lange aufgestapelt, bis das System umkippte.»[7] Der ungeheure Gedanke ist ausgesprochen worden, daß das Amt in der Kirche, seit seinem ersten Vertreter, mit dem Austragen von Schuld zu tun hat. «Wehe, wenn es den Punkt nicht mehr gibt, wo unser aller Sünde sich zur Schaubarkeit sammelt, so wie das im Organismus kreisende Gift sich an einer Stelle konzentriert und ausbricht als Abszeß. Und deshalb selig das Amt – ob es nun Papst oder Bischöfe sind oder einfache Priester, die standhalten, oder wer sonst sich betreffen läßt, wenn ‹die Kirche sollte› gesagt wird –, das sich hergibt zu dieser Funktion, Herd der Krankheit zu sein.»[8]

So paradox es klingt: Wenig erscheint mir beim Studium des Menschen, der Gott sucht, tröstlicher als die Wanderungen, Wendungen, Ausweichmanöver der gemeinsamen Väter und Mütter der Kirche, ihre unendlich langsam wachsenden Kenntnisse vom wahren Weg – von den ersten Fischern, den ersten Jüngerinnen an bis zu mir. Keine Heldengeschichte, sondern Kirchengeschichte, bis ins Detail Drama und Kabarett des Menschlichen, *umana commedia* (wenn man im Wort Komödie den Anteil Traurigkeit mithört). Trost im eigenen Hinken, sozusagen, an den anderen Hinkenden, die mit Gott zu tun hatten, von Jakob-Israel angefangen bis zu den heutigen Trägern und Repräsentanten der Unvollkommenheit. Das entschuldigt nichts an der Unvollkommenheit, es läßt sie nur sein, was sie ist: unsere beschränkte Weise zu leben, Wand an Wand mit dem Göttlichen.

Kirche: Gemeinschaft nicht nur im Vor-Denken, Vor-Arbeiten, Wachsenlassen großer Einsichten, sondern Gemeinschaft auch im Stolpern. *Traditio* hat einen Doppelsinn: Überlieferung und Verrat. Aus der Realität des menschlichen Ausgleitens wächst die Demut, die Wehrlosigkeit der Kommunität. «Ich wünsche nicht, daß die Kirche vollkommen ist, sie ist lebendig. Gleich den niedrigsten, den ärmsten ihrer Kinder schleppt sie sich aus dieser Welt in die andere Welt. Sie macht Fehler, sie sühnt sie, und wer für einen Augenblick den Blick von ihrem Prunk abwendet, hört sie mit uns in der Finsternis beten und schluchzen.» (*Georges Bernanos*) Dicht neben der Tragik ihrer Unangemessenheit liegen freilich auch das Ungute, Schandbare wirklicher Verfehlung, über die das härteste von allen Gerichten angekündigt ist.

Ohrenöffnung

Ich wollte von meinem Bleiben in der Kirche sprechen. Nun ist manches zusammengetragen zu einer *Apologia pro fide mea*. Es mag aber auch auffallen, daß von Verschiedenem nicht die Rede war, etwa nicht vom Charakter der Gemeinschaft selbst, die sich doch anders versteht als sonstige Wir-Gruppen. Auch nicht von Liturgie und Anbetung – dem inneren und absolut notwendigen Gegenpol der obigen Ausführungen.[9] Und die Rede war auch nicht unmittelbar von Gott, auf den sich Kirche hinüberspannt und dessen «geheimnisvoller Organismus» sie nach *Paulus* ist. Aber das

Ganze sollte nicht alles Sagbare und Richtige abdecken, es sollte gewissermaßen im Vorhof der Rechenschaft bleiben, nicht zu schnell ins Geheimnis wegstreben. Allerdings meint *Paulus*, man müsse auch *Rechenschaft von seiner Hoffnung* geben. Nur: auszuführen, wie (und ob) Gott in seiner Kirche da ist, ist wirklich das schwerste. Ich versuche es andeutend in der Geschichte einer Ohrenöffnung, die ich erlebt habe, und die dem Unsichtbaren einmal Gehör in einer Durchschnittsgemeinde verschaffte. Während eines Gottesdienstes war meine (und anderer Leute) Aufmerksamkeit abgerutscht; sie fing sich erst wieder an einer ungewohnten Szene. Der Priester sagte plötzlich zu der halb abwesenden Gemeinde, in strenger Nachdenklichkeit: «Ihr seid das Licht der Welt.» Darauf folgte eine Pause, in der sich sachtes Erstaunen ausbreitete. Dann noch einmal: «Ihr seid das Salz der Erde.» Meine Nachbarin sah unsicher zu mir herüber; in mir bewegte sich der blitzschnelle Schluß: verrückt geworden. Bis ich, wie unter einem Schlag, verstand, daß er das Evangelium frei sprach, ohne das Buch zu benutzen, ohne die Stellung zu wechseln, ohne die einleitenden Formeln mit der Gemeinde auszutauschen, die noch sitzengeblieben war. Es war das einzige, heftig erlebte Mal, wo die Sätze des Evangeliums wie Pfeile durch die Kirche flogen und ich den unmittelbaren Wunsch hatte, mich davor wegzuducken. (Das ist nicht im nachhinein stilisiert; ich hatte einen instinktiven Widerwillen, damit gemeint zu sein. Licht der Welt? Unangenehm aufdringlicher Gedanke.)

Das Ganze wäre mißlungen, wenn der Priester es als Gag angelegt hätte. Was aber geschehen war: Der ursprüngliche Sprecher, Jesus nämlich, hatte über zweitausend Jahre hinweg seine Gemeinde eingeholt. So etwas gibt es. In welcher Gruppe, welcher großen Gemeinschaft (nicht im Herzenskämmerlein) geschieht so etwas noch? Gemeinsames Aufrichten nach dem fernen, zugemuteten Ziel.

Daher der Satz, für den ich stehe: Ich habe Kirche als den Ort erlebt, wo wirklich gewaschen, gespeist, getränkt, losgesprochen, aufgerichtet wird. Manche Gottesdienste lassen das von Grund auf lösend erfahren. Andere Gottesdienste sind versunken, vielleicht fruchtlos, nichts hat sich merklich bewegt.

> «Eines tages aber wird die seele
> an schütterer stelle
> nicht reißen.»[10]

Reiner Kunze nennt es *Nach einem Cembalokonzert*, ich möchte es *Nach der Kirche* nennen.

Wohin sollen wir gehen? Immer weiter: Zur Frauenfrage in der Kirche

«Wir müssen unseren Weg mit großer Zuversicht gehen.»

Teresa von Avila

Augustinus kennzeichnete bestimmte Denkeinsätze als «große Schritte, abseits vom Wege». Dies ist eine Warnung: Die Energie der Bewegung sagt noch nichts über die Richtigkeit des Ziels aus. Auch die schwierig gewordene Beziehung «Frau und Kirche» bedarf keineswegs nur einer willentlichen, gutgemeinten oder erbosten Anstrengung, sie bedarf vorrangig eines neuen Standfassens in der Sache des Christentums selbst. Deswegen darf das Thema nicht als modisch mißverstanden werden, es berührt vielmehr Mitte und Umfang des christlichen Gedankens, also das Ganze. Ist der Weg gefunden, dann setzt er von selbst in Bewegung. Das Folgende versteht sich als Expedition nach dem Weg, seien es nun kleine oder große Schritte, die sich daraus ergeben.

Das Spannungsfeld

Mit der Gegenüberstellung «Frau und Kirche» sind bekannte und fast schon ausgereizte (wenn auch keineswegs befriedete) Stichworte aufgerufen. Vielen Frauen erscheint ihr christliches Dasein kirchlich auf einem bestimmten Stand «eingefroren», und was noch mehr ärgert: dies wird auch noch biblisch begründet. Den Vertretern der gewohnten Ordnung wiederum erscheint die Frauenfrage bereits totgeritten: «Was wollen die Frauen denn noch?» Denn zweifellos und sichtbar «dürfen» in jeder modernen Gemeinde die Frauen mehr als die Großmütter je zuvor: hinausgewachsen über die klassische, von den Enzykliken gerühmte «Glaubensbotin für die eigene Familie» wirkt die heutige Christin erstmals in der *Pastoral* der Gemeinde, sie leitet Kommunion- und Firmgruppen, übernimmt Seelsorge, auch als Beruf. Ein zweites Novum: die erste Frauengeneration der Kirche überhaupt hat das *Theologiestudium* ergriffen – man bedenke, daß noch *Teresa von Avila*, immerhin eine Kirchenlehrerin, das Evangelium nicht lesen durfte und ihre Bibelkenntnisse nur vom Einprägen des Gehörten stammen. Jetzt wachsen Heerscharen von Theologinnen heran, und es ist noch keineswegs ausgemacht, wie die Kirche diese kompetenten Töchter einsetzen kann, einsetzen will. Aber es gibt noch ein Drittes, vom Augenschein her sozusagen die Supernova: Frauen sind erstmals auch in der *Liturgie* tätig, als Kommunionhelferin, Lektorin, Ministrantin, zuweilen als Predigerin. Von Südamerika kennt man die offenbar erfolgreichen Beispiele von Klosterfrauen, die in bischöflichem Auftrag eine Pfarrei leiten. Freilich sind sie nicht Priester, aber es bedarf schon des aufmerksamen Blicks, um den Unterschied zwischen einem Wortgottesdienst mit Predigt und Kommunionfeier und einem «ganzen» Gottesdienst auszumachen.

Dieser Zuwachs an Möglichkeiten für die Christinnen ist also geschichtlich gesehen ungeheuer, zumal er sich in einer einzigen Generation in den wenigen Jahren nach dem Konzil vollzog. Wieso sollte das nun nicht auch genügen? Die Frage reicht tief und wird sogar oft schmerzlich gestellt. Denn auch theoretisch scheint «eigentlich» alles aufgefangen. Gibt es doch die Theologie des Charismas, der frei von Gott verliehenen Gaben, etwa wie – ein großes Beispiel – die Mutter Jesu in dieser freien Gnade stand. Hier zeigt sich ein göttliches Gratis der Erwählung, das sich an den großen, aber auch unbekannten Frauen der Kirchengeschichte vielfältig und bezaubernd (eben charismatisch) einlöst. Ist nicht diese Geistbegabung, die unmittelbare Sendung, die Frauen zweifellos immer aufgewiesen haben, das Entscheidende? Wie es *Hans Urs von Balthasar* entwickelte: Ist nicht Maria «mehr» als Petrus?

Gegenüber dieser Auslegung stellt jedoch eine große Anzahl von Frauen eine neue Gretchenfrage. Sie greift kühn über das Erreichte und Zugebilligte hinaus, denn sie fragt nach dem Amt, unbeschadet aller Gnadengaben. Damit fragt sie nach der männlichen wie fraulichen Letztverantwortung bei der Gestaltung von Kirche, nach der am ganzen mystischen Organismus sichtbaren, nicht nur behaupteten gleichen Würde der Geschlechter. Diese Anfrage gewinnt um so mehr an Ernst, als sich quer durch die Kirchengeschichte auch die wenig schönen Spuren weiblicher Nachordnung und ungleicher Würde lesen lassen. Solche Erinnerungen (und wie tief reichen die unterirdischen Verletzungen!) werden heute unaufhaltsam aufgedeckt. Nicht selten wird sogar eine Kriminalgeschichte weiblicher Unterdrükkung daraus abgeleitet, die ihr bisher letztes Kapitel im Amtsverbot für Frauen habe. Die leidige Ministrantinnenfrage und andere geschlechtsbezügliche Vorschriften, etwa in den weiblichen Orden, nähren diesen Verdacht. Er hat sich in den letzten Jahren in das Glaubensgefühl eingeschlichen und wird von manchen Frauen herausfordernd geäußert, von der größeren Zahl eher unbehaglich empfunden: Verbaut am Ende ausgerechnet die Kirche der Frau die Möglichkeit, sie selbst zu sein? Ist die Frau nicht viel zu früh religiös «eingeräumt», und zwar in einen Nebenraum des Dienstes, der Unverzichtbarkeit und der Ehrenämter (der theologisch dann zu einem Herzraum umgedeutet wird)? Ist die Kirche unheilbar von der väterlich-männlichen Bevormundung durchtränkt? Wer mit Frauengruppen zu tun hat, gerade mit den christlichen, weiß, wie drängend und mitreißend die Frage nach dem «Ich selbst» ist. Und zwar jenseits aller längst bekannten «Wesensaussagen» von der hingebenden und selbstvergessenen weiblichen Seele. Und als wie wenig sachlich die kirchlichen Bestimmungsversuche des Frauseins empfunden werden. Dann schon eher die Antworten von der Quelle selbst, von den biblischen Texten...

Diese knappe Skizze will nicht Klischees aufrufen, sie will die Endmarken eines weit, zerreißend weit auseinandergespannten Schauplatzes anleuchten. Was an Zwischentönen dazugehört, an redlichen Mittlerversuchen, an fragloser Heimat vieler Frauen in der Kirche, sei nicht vergessen. Ebensowenig sei vergessen, daß die «Frauenfrage» noch keine weltkirchliche ist, ja, daß die Kirche durch die politischen Umwälzungen in Osteuropa neuerdings und gerechtermaßen an innerer Autorität gewonnen hat, als die vielleicht einzige unbestochene Stimme gegen die Macht der «Menschenfresser» (wie *Ossip Mandelstam* die Gewaltsysteme nannte). Dennoch verliert Kirche in unseren Breiten an Autorität, und sie verliert ihr größtes, treuestes Potential, die Frauen. Darunter besonders die Jüngeren, Aufgeweckten, «Heutigen». Keineswegs alle, denn das Potential ist so groß, daß es wohl auch morgen noch, immer noch die Aufgabe einer tragenden Säule behalten wird. Aber gerade deswegen wäre Aufmerksamkeit am Platz, klares williges Zuhören der Hirten, statt die Wanderung der Frauen ins Abseits herauszufordern. Wenn es der Wahrheit des christlichen Weges entspricht – des Weges, der Christus ist –, muß ein *«plus ultra»*, über die bisherigen Lösungen hinaus, beschritten werden können.

Wege aus dem heutigen Spannungsfeld sind sorgfältig zu suchen: in Verbindung mit der großen biblischen Herkunft[1] und mit der heutigen Einsicht in die Sache.

Um diese Einsicht zu gewinnen, ist die am auffälligsten wirksame Dynamik ins Auge zu fassen: der Aufbruch der Christinnen selbst seit den letzten zwanzig Jahren. Um welchen Aufbruch handelt es sich?

Ein Großteil der Frauen sucht den Glauben wie eh und je, aber persönlich, im Lesen und gemeinsamen Sprechen über die Schrift und eigene Lebenserfahrungen, jedoch *neben und außerhalb* der kirchlich gewohnten Auslegung. Sie entdekken die Bibel, nicht die Kirche. Bisher war gewohnt (und ist natürlich nicht ausgestorben) der wenig reflektierte Glaube. Er besaß die Qualität, sich ausweinen und sich freuen zu können, Sorgen abzuladen, bei dem Lieblingsheiligen oder der Mutter mit dem Kind, auch der Mutter mit dem toten Kind. Sich-helfen-Lassen von den Helfern, Verweilen im religiösen Grundwasser – hier fühlten sich Frauen weder bevormundet, noch deklassiert, eher in der ureigensten Domäne (die unermüdlichen Vorbeterinnen meiner Kindheit!). Statt dessen entwickelt sich in jüngster Zeit ein anderer Zug, der immer mehr durchdachte, befragte Glaube, der das eigene Leben am Text der Schrift überprüft – und umgekehrt. Gerade die in Verbänden zusammengeschlossenen, aber auch sonstige nachdenkliche Frauen haben begonnen, lebendige Antworten auf ihre Zweifel etwa in biblischen Frauengestalten zu suchen. Durchaus mit Selbstbewußtsein, vom heute Erreichten aus: So werden die programmatische Ebenbürtigkeit der Genesis ausgemacht, der 1. Korintherbrief und andere apostolische Weisungen heftig befragt, die Gestalt Jesu in seinen Frauengesprächen nachgezeichnet, die Gestalt Marias in vorsichtiger Annäherung (vorsichtig wegen ihres Fiat und der daran geknüpften Auslegung) betrachtet. Kurz, es ereignet sich ein Ausleuchten der biblischen Herkunft, ein Entdecken der eigenen geistigen «Mütter», eine unmittelbare Stärkung durch die Worte Jesu, eine gemeinsame – allein wohl nicht gewagte – Entlastung von früher einverleibten Schweige-, Gehorsams-, Unterordnungsgeboten.

Es handelt sich nicht notwendig um die «Lautstarken», sondern um das denkende Gros der Frauen – allerdings solange sie in *ihrem* schwesterlichen Milieu dazu mitgezogen werden und sich ohne Blamage «unstudiert» ausdrücken dürfen. Hier ist ein kräftiger Blutkreislauf an Glauben, wenig bemerkt von außen, geschaffen worden, ein Potential an gutem Willen *und*, ungewohnt, an zunehmendem Wissen. Und dieses Potential wird wohl die Zukunft erreichen: weil solche Frauen den Glauben durch Herz und Kopf aufhellen, nicht bloß als Brauchtum abnehmen.

Und eine zweite Dynamik sei angemerkt, mit der auf Dauer zu rechnen ist. Es gibt in breiter Front, nicht ohne Doppelsinn so geschrieben, den neuen und von der Kirche in der Schnelle noch nicht verdauten Typus der Fachfrau *in theologicis*. Nun ist das Theologiestudium keineswegs, wie man weiß, mit dem Glaubensvollzug gleichzusetzen. Trotzdem springt in die Augen das tiefe Interesse, ja der Nachholbedarf der Frauen an Theologie. Bereits heute gibt es eine Großzahl von ihnen, welche Kirchengeschichte, Exegese, Dogmatik, neuerdings auch Kirchenrecht nicht schlechter als ihre Kollegen beherrschen, im Gegenteil, einen psychologischen und argumentativen Vorsprung haben. Er rührt von einem ähnlichen Phänomen wie bei der «unstudierten» Gruppe her: von einem Verlassen bisheriger als zu einseitig empfundener Deutungen der Schrift oder der religiösen Texte. Frauen suchen, zunehmend methodisch sicher, nach dem bisher Überlesenen, Vergessenen, kaum Bedachten, kurz, nach dem eigenen weiblichen Erfahrungsfeld in der Schrift, und siehe da – es findet sich. Zwingend übrigens auch im Gottesbild, seiner Durchsichtigkeit auf Vaterschaft und Mutterschaft, auf Mann wie Frau. Solche Bemühungen feministisch zu nennen, trägt zur Sache nichts bei.[2] Die Wahrheit dieser Ansätze gewinnt gerade da an Boden, wo sie weder aggressiv noch modisch noch mit dem Gestus des Besserwissens vorgebracht wird – wo letzteres geschieht, sollte freilich die Geduld gegenüber dem ersten Überschwang aufgebracht werden. Tatsächlich hat die ernsthafte Lektüre der Bibel durch Frauen und ihre neue Fragestellung einen Anspruch auf Wahrheit erwiesen, den die Christinnen durch aufmerksames Zuhören und Mitdenken längst aufnehmen.

In beiden Gruppen gehen Begreifenwollen und Glauben eine lange so nicht geübte Einheit ein. Denn der Glaube ersteht nicht mehr allein als Gefühl (die angeblich unschlagbare weibliche Stärke), sondern als Glaube vor dem Hintergrund von Intelligenz, redlichem Verstehenwollen, verbündet mit der Suche nach Wahrheit. *Karl Rahner* wünschte sich den intelligenten Heiligen für das 20. Jahrhundert: Machen wir uns auf seinen weiblichen Typus in der Zukunft gefaßt. Niemand kann voraussagen, was die Kirche von ihren gläubigen Frauen noch lernen kann. Vielleicht läuft der Weg nicht sofort und unmittelbar zu den *Lehrerinnen der Kirche*, deren es bisher nur zwei gibt (*Caterina von Siena* und *Teresa von Avila*), er läuft möglicherweise zuerst zu den *Lehrerinnen und Müttern des Glaubens*. Der Titel existiert zwar nicht, wichtiger aber ist, daß er einer heute und hoffentlich zukünftig gelebten Wirklichkeit entspricht.

Um dies zu befördern, sind *konkrete Schritte* vonnöten. Im Ganzen stehen sie unter der Aufgabe, die jüngst zugewachsenen Glaubenserfahrungen der Christinnen wahrzunehmen und in das gesamte Wir der Kirche einzugliedern, dem Blutkreislauf des Ganzen zuzuführen. Folgende Vorschläge richten sich an Kirche, Frauenverbände und einzelne:

■ Die zähe, unhistorische Bibelauslegung, die Kulturgeschichte mit Glaubensaussagen verwechselt, ist in breitem Maße zu überwinden. Heutige exegetische Erkenntnisse zu den entsprechenden Schriftstellen (etwa 1 Kor, 1 Tim, Eph 5) stellen die Zeitbindung des Lehrverbots, des Schweigegebots, der geziemenden Kleidung und Haartracht für die Frauen usw. heraus, also die nur kulturgeschichtliche, nicht dauernde Verpflichtung dieser Vorschriften. Solche eigentlich selbstverständlichen Erkenntnisse gehören in die Predigt, die Hirtenworte, die Enzykliken (*«Mulieris dignitatem»* setzte einen Anfang). Sie gehören dem Volk Gottes endlich laut zugesprochen, um die seit langem eingeschliffene atmosphärische Verhaltensweise zu ändern.

■ Es bedarf positiv einer neuen, mindestens neubewußten Fassung der *Kirche als Mutter*. Gemeint ist die Tatsache, daß *alle* von ihr als Kinder geboren werden, Schaf und Herde sind – noch vor der hierarchischen Stufung, die die Hirten sondert. Kirche enthält zuinnerst den Raum der unbedingten Gleichheit, sie *ist* dieser Raum. Hier geschieht die neue Geburt aus Geist und Wasser, wie es die fast «gynäkologischen» Beschreibungen der Taufe immer erneut hervorheben. In diesem Ursakrament der Wiedergeburt durch die eine Mutter wurzelt der Adel aller – unbeschadet der späteren und damit sekundären Aufgaben und Ordnungen des kirchlichen Organismus. Aus der Würde dieser fundamentalen Kindschaft heraus hat jeder Getaufte in derselben Weise

Anteil an Christus als dem allgemeinen Lehrer, Hirten, Priester und ist daher übrigens zum völlig vernachlässigten Prophetenamt berufen. Auch die Pflicht zur Heiligung, *vollständig unabhängig* von Stand, Amt und Geschlecht, gehört zu diesem Horizont. In der Folgerung heißt das: Vor allem Unterschied muß wissentlich und willentlich das Zugehören zum einen Gemeinsamen tiefer betont werden. Die Sendung von Frau und Mann geschieht aus nichts anderem als der Taufe heraus, *vor* allem ordo und ihn begründend. Das Bewußtsein weiter Kreise ist zu vertiefen, daß die Stände, Laien oder Klerus, Berufungsunterschiede sind, nicht Gnadenunterschiede. Daher gibt es eine genuine Mitsprache der Frau in der Kirche, die nicht auf Anmaßung beruht, sondern auf dem Charakter der Kirche selbst.

■ Die große Anziehungskraft von Feminismus und feministischer Theologie sollte durch und für die Frauenverbände beobachtet und kritisch dargestellt werden. Die «Unterscheidung der Geister», nämlich der sinnvollen Anliegen von ideologischen Zielen, ist hilfreich für viele und hält das Gespräch auch mit den nichtgläubigen Frauen offen. Der liberale Feminismus hat Theoriedefizite, die er aus den bisherigen Ansätzen heraus nicht lösen wird. Der christliche Entwurf hält dem nicht nur stand, sondern müßte einer Balancierung der Fragen dienen.

■ Statt einer Institutionalisierung der feministischen Theologie sollte man eine umgreifende *theologisch begründete Anthropologie* an den katholischen Fakultäten, Akademien, Priesterseminaren, Erwachsenenbildungsstätten entwickeln, um Einseitigkeiten sachlich ins Ganze einzubinden. Freilich muß auch das Ganze heutiger anthropologischer Erkenntnisse zu Wort kommen. Eine katholische Ghettosprache muß dabei dringend vermieden werden. Hierzu sind kompetente Frauen auszubilden und in die genannten Institute einzubeziehen.

■ Von großem Gewicht ist eine integre und volle (Wieder-)Aufdeckung des biblischen Gottesbildes. Allzu lange war Gott unter männlichem Bild- und Symbolgehalt vorgestellt. Aber schon auf den ersten Seiten der Bibel erweist sich Gott als Urbild auch der Frau, Urbild aller Mutterschaft. Das Ernstnehmen seiner weiblichen Bilder in der Offenbarung bedeutet nicht nur ein lebendiges Zurückgewinnen seiner ganzen Kontur. Es ist darüber hinaus von unbedingter Notwendigkeit, weil im Zuge der Vergessensgeschichte heute das Abgewiesene mit Macht nach oben drängt, und dies in Form längst für überwunden geglaubter Mutter-Göttinnen. Solche «Überschwemmungen aus der Tiefe» sind aber nicht befreiend, sondern in der Grundanlage zweideutig, weil sie ein magisch gebundenes Gruppen-Wir voraussetzen. Hier bringt (oder brächte) das christliche Bewußtsein eine ganz andere Helle und Intensität der Einsicht mit: das personale (= freie) Gegenüber von Gott und Mensch. Wenn freilich, wie es Jahrhunderte hindurch geschah und durch die Aufklärung noch einmal verstärkt wurde, Gott nur im Mann sein «eigentliches» Gegenüber fand und dessen Qualitäten unbedacht auf Gott zurückgespiegelt wurden, so ist auf sträfliche Weise (und die Strafe folgt heute) diese Wahrheit vernachlässigt worden: wie tief in Gott der Ursprung *alles* Lebendigen, *alles* Menschlichen, des Eros zwischen den Geschlechtern, ja der unbeschreiblichen Freude der Mutterschaft und Vaterschaft zu finden ist. Wenn sich die Frage nach dem Fraulichen in Gott heute mit solcher Macht meldet, dann soll sie christlich nicht im Nachholeffekt hastig mitbeantwortet werden. Statt solcher Defensive ist die aufrichtige Würdigung und das Eindenken in Gottes eigene vielfältige Bildworte von sich hoch an der Zeit.

■ Die positive Frauentradition in der Kirche ist erneut fruchtbar zu machen. Frauenorden, heilige und durchschnittliche Christinnen, Kirchenlehrerinnen, Mütter des

Glaubens gehören in ihrem Eigenstand entdeckt. Bei den Diözesanjubiläen der letzten Jahre gab es z. B. nur eine kleine Schrift über die Frankenapostolinnen. Jede Diözese sollte sich zeichenhaft neben den oft zahlreichen Patronen eine Patronin wählen. Christliche Kunst, Literatur, Mystik, Volksbräuche sind auf die verborgene Frauengeschichte zu befragen. Hier liegt eine Fundgrube, die für die Forschungen und Glaubenspraxis von Frauengruppen anziehend wirkt. Es wäre zu überlegen, ob nicht ein Forschungslehrstuhl an einer (katholischen) Universität, ausgestattet mit Forschungsstipendien, auf lange Zeit die jüdisch-christliche Frauengeschichte grundsätzlich zur Darstellung bringt. Ergebnisse könnten nicht nur in das wissenschaftliche Gespräch eingehen, sondern durch die kirchliche Presse auch in die Alltagskenntnis einfließen. Dann wirkt auch der Verdacht der Kriminalgeschichte nicht so verheerend, wie er es jetzt, auf Unkenntnis gründend, tut.

■ Jeder Bischof sollte einmal im Jahr die Frauen seiner Diözese, vielleicht nach Generationen getrennt, zu einem offenen Gespräch bitten und dann lange zuhören. Dies um zu zeigen, daß im Raum der Kirche die Hochschätzung der Frauen mit ihrer Lebenskunde selbstverständlich wird. Von dort werden sich unmittelbare Formen der Zusammenarbeit und der Behebung von Not ergeben. Nicht zuletzt gingen die Glaubenserfahrungen von Frauen vielleicht deutlicher in die Gesamtkirche ein, und sei es in Form eines (Hirten-)Wortes.

Gleiches gilt für die Bischofskonferenzen: immer wieder und regelmäßig Frauen zur Anhörung einzuladen. Wie warm wird die Mutterschaft gepriesen – aber hat schon einmal eine Mutter im Namen vieler von ihren Nöten und vielleicht gemeinsam zu behebenden Lasten vor der Bischofskonferenz sprechen dürfen?

■ An dieser Stelle etwas vielleicht weltkirchlich Wichtiges. Ein Stolperstein für viele gläubige Frauen ist die rigide

Form der kirchlichen Sexualethik. Sie wird als fern vom gelebten Leben und seinen Schwierigkeiten empfunden, noch dazu von einem zweifach unbetroffenen Kreis formuliert: von unverheirateten Männern. Es gäbe folgenden Weg aus der gegenseitigen Distanz heraus: Die Frauenverbände, aber auch einzelne Frauen tauschen sich zunächst untereinander über ihre ehelichen und partnerschaftlichen Erfahrungen aus. Wie geht eine Christin heute mit Leib und Geschlecht um? Wie stark muß sie sich auf ihren Mann einstellen? Welche Sprache gibt es, um sich über die Vorgänge des Geschlechtes zu verständigen? Wie wird die Kinderzahl von beiden Seiten gewünscht und bestimmt? Welche Entscheidungen trägt die Frau ganz allein durch? Wie wünschte sie sich ihr eheliches Leben, wenn sie es bestimmen könnte? Wo liegen die eigentlichen Verletzungen, wo die Erfüllungen?

Sind diese und ähnliche Fragen einmal ernsthaft, nicht vom Idealfall her besprochen (wobei keine Intima bloßgelegt werden müssen), so sollten diese Erfahrungen auch niedergelegt werden. Wohlgemerkt: es handelt sich um Christinnen, die ihr Leben durchaus nach dem Glauben und einem sinnvollen Konzept ausrichten wollen, nicht einfach die Ideologie von Lust und Laune vertreten. Solange es keinen solchen Erfahrungsbericht über die *heute normalen Szenen einer Ehe* gibt, so lange können auch die Hirten nur unaktuell Prinzipielles vorschreiben. Gesprächsergebnisse solcher Frauenrunden sollten von den Verbänden bearbeitet und an die Bischöfe weitergeleitet werden, um *gemeinsame* Folgerungen zu ziehen. Es handelte sich um eine Jahresarbeit der Verbände, die wirklich für alle Seiten von Interesse wäre. «Auf das Unmögliche ist niemand verpflichtet», lautet eine gute scholastische Weisheit. Vielleicht wären die Christinnen mündig und lebensklug genug, um Mögliches für die heutige Ehe und Partnerschaft zu formulieren und zum Ausgang eines christlichen Ethos zu machen.

Dann wird der kommenden Frauengeneration ein Verhalten nicht nur *zugewiesen*, sondern es wird durch ihre eigene Form des Fragens, Nachdenkens und spirituellen Mitgehens *erworben*. Wie könnte man das Dabeisein der Frauen bei diesen empfindlichsten, sie im Innersten berührenden Fragen für unerwünscht halten? Und doch sind sie kaum dazu befragt, ist kaum ihr Leben mit seinen gerade im Geschlechtlichen wirksamen Verletzungen zur Anschauung gebracht. So kämpfen sich viele einzeln und resigniert durch. Kirche aber ist Konsens, und der Konsens oder Dissens ihrer Glieder muß in ihr Gehör finden.

Vorschläge zu einem neuen Profil: Diakonin und «erprobte Frau»

Hoch an der Zeit ist der Anlauf zu einer sinnvollen und organischen Erneuerung des altkirchlichen Diakoninnenamtes. *Paulus* erwähnt im Römerbrief die Diakonin *Phoebe*, leider ohne deren Aufgaben in der Gemeinde zu kennzeichnen. Noch beim Konzil von Chalzedon (451) bildeten Witwe und Diakonin einen kirchlichen Stand. Im Kanon 19 des Nicaenums wird die Weihe von Diakoninnen ausdrücklich erwähnt; sie verschwand erst vom 13. Jahrhundert an. Mittlerweile wird bestritten, daß es sich um eine sakramentale Weihe gehandelt habe[3], was hier unerörtert gelassen werden kann.

Jedenfalls wurde die Diakonin als ein Bild des Heiligen Geistes verehrt; sie nahm zwar nicht die Feier der Eucharistie und das Lehren wahr, aber Taufe oder Taufassistenz bei erwachsenen Frauen, Kommunionspendung, Krankensalbung und allgemeine Seelsorge.

Der zeitweilige Vorstoß während des Konzils, vor allem durch Kardinal *Jean Daniélou*, das Diakoninnenamt und die zugehörige Weihe wieder einzuführen, fand keine Gegenliebe (obwohl eine solche Erneuerung noch keine Vorentscheidung über andere kirchliche Ämter der Frau bedeutet hätte). Die päpstliche Erklärung *«Ad pascendum»* vom 15. 8. 1972 regelte mittlerweile das sakramentale Diakonat, das ja lange als eigener Stand verschwunden war, neu; dabei wurden diese Dienste den Männern vorbehalten. Die Gemeinsame Synode der Bistümer in der Bundesrepublik Deutschland hat die Zulassung von Frauen zum Diakonat eingehend erörtert[4] und empfohlen, an die Diakoninnenweihe wieder anzuknüpfen; ein entsprechendes Votum wurde nach Rom geschickt. Hier liegt neben der seelsorglichen auch eine geschichtliche Begründung vor, so daß die Entscheidung darüber ein glückliches Zeichen für die Glaubwürdigkeit der Kirche wäre. Denn hier ist der sonst vermißte Traditionsbefund groß, bis heute aber – obwohl damit keine Vorentscheidung wegen der Frauenordination gefallen wäre – geht die Prüfung der Frage in Rom nur zäh voran.

Zum Profil der werdenden Diakonin vier Vorschläge, die dem weiblichen Erfahrungsfeld und den bisher schon in der Kirche bewährten Charismen entgegenkommen. Oben wurde von der neu und tiefer zu gewinnenden Mütterlichkeit der Kirche gesprochen, die sich in der Wiedergeburt durch Wasser und Geist, die Taufe, kundtut. Dieses *Fest der Taufe*, das den Adel der Gleichheit aller grundlegt, könnte durch die Diakonin vollzogen werden; sie hätte die Möglichkeit, die Mutter Kirche sozusagen in ihrer weiblichen Eigengestalt noch einmal darzustellen. Die ursprüngliche Tauffeier wirkte weit deutlicher bildhaft durch das große Taufbecken im Boden, worin der Täufling untertauchen mußte und aus dem er «neugeboren» heraussstieg. Die Gestaltung dieser bildhaften Feier, die heute so verblaßt ist, ließe sich der Diakonin anvertrauen (übrigens, wie bei allen

Vorschlägen, nicht als Konkurrenz zum Pfarrer, sondern als Hilfe). Theologisch bereitet es keine Schwierigkeiten, da ohnehin jeder Christ taufen darf; in diesem Fall ginge es nur um den dezidierten Auftrag. Der Gedanke legt sich außerdem nahe, da heute Frauen, etwa in den Beratungsstellen, schwangere Frauen begleiten – so könnte eine solche Begleitung mit einer Tauffeier durch eine Diakonin vollendet werden, die ihrerseits mit der werdenden Mutter schon bekannt gemacht wurde und ihr auf der Wegstrecke beistand.

Es gibt ein weiteres Sakrament, das nicht an den Priester gebunden ist, sondern überhaupt von Laien vollzogen wird: die *Ehe*. Auch hier legt es sich nahe, die Diakonin mit der Assistenz bei der Trauung zu beauftragen, immer mit dem obigen Zusatz, daß hier nicht der Gedanke an Konkurrenz aufkommen darf. Tatsächlich ist diese Möglichkeit bereits ergriffen: In der Erzdiözese Anchorage/Alaska erhielten fünf Ordensschwestern und eine verheiratete Frau die Vollmacht zur kirchlichen Eheschließung.[5]

Ein Sakrament steht am Eingang des Lebens, ein anderes am Ausgang, oder ihm doch nahe: die *Krankensalbung*. Immer war es eine besondere Gabe der Frauen, mit schwächerem, hilflosem Leben umzugehen, wohl auch aus einem bestimmten natürlicheren Bezug zur Leiblichkeit heraus. Es mag eine von Frauen erworbene oder auch anerzogene Stärke sein, die religionsgeschichtlich in der weiblichen Aufgabe ihren Ausdruck fand, die Sterbenden zu begleiten, die Toten zu beklagen und zu versorgen – noch die Frauen, die den Todesweg Jesu weinend säumten, und jene, die sich mit Aromen am Grabe Jesu einfanden, sind Zeuginnen für diese älteste Fürsorge. Auch heute tun erstaunlich viele Frauen – darunter viele Nonnen – freiwillig den Dienst der Sterbebegleitung in den Krankenhäusern. Viele von ihnen – das ist auch persönlich bezeugt – hören das gesamte Leben, Verfehlungen, Schuld und nicht weichende Kümmernisse an.

Nicht immer wird ein gleiches Vertrauen zum Priester gefaßt, der in der Regel notgedrungen seltener kommen kann. Auch hier wäre es sinnvoll, den Dienst an den Kranken zusammen mit der Krankensalbung der Diakonin anzuvertrauen – gerade um sie als das Bild des Geistes, der Trost ist, zu erweisen. Hier würden kirchlicher Auftrag, Naturanlage und ein bereits bestehender Dienst organisch ineinandergreifen.

Ein letzter und theologisch weitgehender Vorschlag wächst aus dem dritten heraus, verläßt aber eigentlich die Berufskontur der Diakonin. Der Vorschlag stützt sich auf persönliche Erfahrungen, übrigens in beiden Fällen mit Klosterschwestern. Im ersten Fall ist es eine Nonne in einem beschaulichen Orden, die das Charisma des Tröstens und Zuhörens hat. Unbekannte suchen sie täglich auf, um Schuld und Wirrnis mit ihr zu besprechen; ihre Hilfe besteht darin, zu hören, zu raten und am Ende gemeinsam zu beten. Offensichtlich besteht bei ihr einfach eine Begabung, Schuld zu entbinden; faktisch nimmt sie also das wahr, was im Sündenbekenntnis geschieht. Eine andere Klosterfrau, die mit sogenannten schwererziehbaren Mädchen arbeitet und dies offenbar vorzüglich leistet, erzählte ebenfalls von vielstündigen Gesprächen, bei denen oft beide gemeinsam weinten, weil anders nicht auszuhalten sei, was an Elend zur Sprache komme. Manchmal wagt sie den Rat, das Ganze in einer Beichte loszuwerden, wobei dann oft schon wieder die Grenze erreicht sei. Wie oft habe sie gedacht, jetzt noch ein Wort hinzusetzen zu können im Sinne der Absolution.

Der vierte und letzte Vorschlag geht dahin, solchen Frauen das Amt der *Lossprechung* zu übertragen. Dieses heute so ausgezehrte Sakrament könnte von daher eine neue Anziehung gewinnen. Möglicherweise lassen sich manche Probleme und Erfahrungen auch leichter mit Frauen besprechen. Die Kirche könnte so eine Form des Dienstes von

Frauen an Frauen und Männern bereitstellen – und auch hier ihre Mütterlichkeit deutlicher zum Vorschein bringen. Theologisch wäre es wohl möglich, vor dem Hintergrund der geschichtlich wechselnden Beichtpraxis eine solche Neuerung einzuführen. Sinnvoll ist es, sie zunächst auf einen kleinen und ausgewählten Personenkreis einzuschränken und innerhalb einer vorher festgelegten Zeit die gewonnenen Erfahrungen für die Gesamtkirche auszuwerten. Damit wäre auch eine langsame und organische Gewöhnung der Gläubigen erreicht.

Bei diesem letzten Vorschlag hat sich die Argumentation etwas gewandelt. Bisher war von der Diakonin die Rede, hier von der bereits «erprobten Frau». Der Begriff des *»vir probatus«* ist seit längerem gewohnt; es wäre wünschenswert, auch den Begriff der *«mulier probata»* einzuführen, zumal es sie ja in Tat und Wahrheit schon leibhaftig gibt. Konkret könnten in jeder Diözese ohne Mühe die Frauen namhaft gemacht werden, die in der Seelenkenntnis bewährt, im spirituellen Leben verwurzelt, vom Urteil vieler anerkannt sind. Was an theologischer Schulung hinzugefügt werden muß, kann eigens geregelt werden. Solchen Frauen das Amt der Lossprechung zu übertragen, müßte natürlich in Form einer Weihe geschehen. Dies kann die Diakoninnenweihe sein, die dann auch die vorgenannten Dienste mitumfaßt, sie aber nicht notwendig alle ausführen muß. Zu denken ist also an eine doppelte Möglichkeit: an eine erste Stufe weiblicher Diakonie für Taufe, Ehe und Krankensalbung und an eine weitere Stufe der Diakonie, worin eine *«mulier probata»* auch die Absolution spendet.

Eine letzte abrundende Bemerkung, um die Vorschläge vom Land des Wünschens dem Land der Wirklichkeit näherzurücken. Sie sind nämlich samt und sonders zwar ungewohnt, aber nicht extrem im Sinne eines unorganischen Abschieds vom Bisherigen. Sie versuchen vielmehr, das bisher Gültige sinngemäß fortzuschreiben. Extremismus gewinnt in der Regel nicht in der Geschichte. Wenn dies doch ausnahmsweise der Fall ist, dann werden die Probleme, die er zu lösen vorgibt, noch schärfer, zugespitzter. Man könnte, allen Mut zusammengenommen, sagen, daß der Charme jeder Revolution in der folgenden Restauration liegt. Nur dann wird das neue Gleichgewicht erreicht, werden alte Probleme gelöst (freilich beginnen sich neue zu bilden). Dieser Dreischritt «Ancien Régime – Revolution – Restauration» ähnelt verdächtig dem berühmten Hegelschen Dreischritt von These – Antithese – Synthese; vielleicht liegt ihm tatsächlich etwas Wahres zugrunde. So sind vermutlich die politischen, gedanklichen, religiösen Extremismen irgendwie nötig. Denn sie dienen dazu, die Grenzen des Möglichen weiter hinauszuschieben, indem sie neuen Platz schaffen für die genannte Synthesis. Konkret zu unserem Thema: Recht schnell ist die kämpferisch feministische Bewegung innerhalb und außerhalb der Kirche auch zu Extremen fortgeschritten, das heißt etwa zu der Forderung nach einer eigenen Frauenkirche und «weiblichen Liturgie», nach der Überwindung, vielleicht der gänzlichen Verabschiedung der «patriarchalischen» Bibel (auch die Schelte auf das Alte Testament kommt immer wieder hoch), oder auch zur völligen Abschaffung der Hierarchie als einer «männlichen» Erfindung. Man kann jedoch hoffen, daß sich das obige Gesetz bewährt und durch solche fragwürdigen Überdrehungen einfach die Möglichkeiten für das wirklich Sinnvolle wachsen.

Wahrscheinlich bin ich selbst – durch Anlage und Training – mehr einer Mitte verwandt. Von dieser Stellung aus fallen jedoch *zwei* Endpunkte ins Auge, und es mag am Ende erlaubt sein, auf beide aufmerksam zu machen. Der eine ist die feministische Versuchung, die Tradition durch Größtforderungen aufzubrechen oder sie, wenn sie sich nicht bewegen läßt, zu mißachten. Der zweite ist die gesamtkirchliche (nicht nur die institutionelle) Versuchung, die bisherige Tradition in alle Ewigkeit fortzuschreiben und das wachsende Neue nicht einzulassen. Tradition beherbergt aber einen doppelten Wortsinn: die Überlieferung und den Verrat (an eben dieser Überlieferung). Und die nie endende Mühe besteht darin, die Überlieferung vom Verrat freizuhalten. Aber auch darin, die Überlieferung nicht von vornherein als Verrat zu verdächtigen. Die Zeit mag reifen, früher oder später, in der auch die Frage nach dem Priestertum der Frau von der Gesamtkirche gestellt wird, vor allem im Lichte des Osterabends, an dem Jesus den Aposteln die Binde- und Lösegewalt übertrug. Diese Gewalt mag – das wäre theologisch zu klären – alle zukünftigen Ordnungen, die sich die Kirche gab und gibt, begründen, so auch das Amt eucharistischer Verwandlung für die Frau. Bis aber dieser Schritt getan ist, falls er je getan wird, berühren die oben entfalteten Gedanken nur, was dem heutigen Charakter und geheimnisvollen Organismus der Kirche schon von sich aus zu eigen ist. Um *Augustinus* abzuwandeln: Schritte, hoffentlich auf dem Wege.

Sie der Efeu, er die Eiche?
Frauenbilder – Männerbilder der letzten 200 Jahre

1789, im Jahr der Französischen Revolution, schon in der Zeit der Spätaufklärung, erschien ein Buch *«Väterlicher Rat für meine Tochter»*. Väterlicher Autor war der Verleger und Schriftsteller *Johann Heinrich Campe* (1746–1818), aufgeschlossener Zeitgenosse der bedeutendsten geistigen Triebkraft Europas in der Neuzeit. Sein Buch zielte laut Vorwort vornehmlich auf «junge Frauenzimmer des glücklichen Mittelstandes» und enthielt als These: «Gott selbst hat gewollt, und die ganze Verfassung der menschlichen Gesellschaft auf Erden, so weit wir sie kennen, ist darnach zugeschnitten, daß nicht das Weib, sondern der Mann das Haupt seyn sollte. Dazu gab der Schöpfer in der Regel dem Manne die stärkere Muskelkraft, die straffern Nerven, die unbiegsamern Fasern, das gröbere Knochengebäude; dazu den größern Muth, den kühnern Unternehmungsgeist, die auszeichnende Festigkeit und Kälte, und – in der Regel meine ich – auch die unverkennbaren Anlagen zu einem größern, weitblickenden und mehr umfassenden Verstand.» Quintessenz war schließlich: Der Mann sei «die Eiche, sie der Epheu, der einen Theil seiner Lebenskraft aus den Lebenskräften der Eiche saugt, der mit ihr in die Lüfte wächst, mit ihr den Stürmen trotzt, mit ihr steht und mit ihr fällt – ohne sie ein niedriges Gesträuch, das von jedem vorübergehenden Fuß zertreten wird.»[1]

Was hier zum Lachen reizt, gehört zu jener eigentümlichen Bildlichkeit, die auch die viktorianische Romanwelt des 19. Jahrhunderts noch genüßlich pflegte: die Frau als das Veilchen, das bei Gelegenheit in Ohnmacht fällt, der Mann als der starke Arm, der sie dabei auffängt. Trotzdem ist es zu leicht, aus dem Abstand von 200 Jahren sich über diese poetischen Klischees erhaben zu fühlen. Es ist auch zu leicht, den Schluß zu ziehen, die Frauen wären noch am Ende des 18. Jahrhunderts schlechthin efeuartig gehalten worden. Warum muß *Campe* mit langen Argumentationswindungen das töchterliche Ideal festigen? Weil die Tochter schon längst anderes wittert: Knapp nach des Vaters betulichen Ratschlägen verkündet 1791 *Marie Olympe de Gouges* eine *«Déclaration des droits de la femme et de la citoyenne»* – in genauer Übernahme der französischen Menschenrechtserklärung («Männerrechtserklärung») von 1789. Weder Eiche noch Efeu, sondern das gemeinsam Menschliche und die darin wurzelnden «natürlichen, unveräußerlichen und heiligen Rechte der Frau» waren der Kern von *Olympe de Gouges'* Erklärung: «Wenn die Frauen ein Recht aufs Schafott haben, so haben sie auch das auf die Tribüne.» Und der Funke sprang europäisch sofort über in eine längst aufnahmebereite Mentalität: Die Engländerin *Mary Wollstonecraft* wiederholte 1792 *«A Vindication of the Rights of Women»*. Es ging um gleiche Rechte, nicht mehr um ergänzende Tugenden, die auf einer anthropologischen Metaphysik über das polare «Wesen» von Frau und Mann aufbauten.[2]

Bevor wir *Campe* in «rückschrittlich», *Gouges* und *Wollstonecraft* in «fortschrittlich» einteilen, brauchen wir Koordinaten, das Netz der Geistesgeschichte. Erst wenn wir die Herkunft einer Denkhaltung kennen, läßt sich über Fortschreiten reden. Was die Theorie von Frau und Mann betrifft, so stellt dieser Teil der Geistesgeschichte ein erregendes Kapitel dar – hier verschränkt sich Philosophie unmittelbar mit Handeln, Kultur, Ethik, Glück und Unglück des Alltags. Wenn im Folgenden der knappste Überblick aufgerufen wird, so in der Hoffnung, daß er nicht klischiert wirkt; alle Daten müßten ihrerseits – was hier nicht sein kann – noch auf Begründungen im Gesamt der Lebenswelt zurückgeführt werden.

Das Vorfeld:
Von der Antike bis zur Querelle des femmes

Das klassisch-antike Erbe der Philosophie ist vom Mann und auf den Mann hin entfaltet, sieht ihn als Träger männlichen Geistes (*menis, logos*), wobei Geist das Vermögen der Einsicht in die Gründe, Klarheit, unmythische Eindeutigkeit heißt. Wo es einen Ansatz zur Theorie des Menschen gibt, meint sie den Menschen als freien, geistbestimmten Mann. Die Frau, *gyne,* ist zuallererst, anschaulich und sinnenfällig, Mutter der Kinder und Verwalterin des *oikos*, des häuslichen Innen – hier liegen ihre Macht und Reichweite. Zu einem weit schmaleren Teil und nur an die Jugendjahre gebunden, ist sie Trägerin des Eros und der Schönheit; allerdings übernimmt in der athenischen Hochkultur auch der Mann diese Qualitäten. Zu einem geringen Teil kann sie auch Trägerin des Geistes sein – so *Diotima*, die Lehrerin des *Sokrates*, und andere Philosophinnen. (Hier liegt ein ungeschriebenes Kapitel der Frauenforschung vor. Dabei wäre näher zu beleuchten, wie nahe verwandt einerseits das Philosophieren dieser Frauen noch dem intuitiven Ahnen und mythischen Deuten ist, oder wie andererseits die spätantike Neuplatonikerin *Hypatia von Alexandria* († 415) sich «vermännlicht» im Sinne von «vergeistigt» und ihre Weiblichkeit als widergeistig verabscheut.) Vorwiegend bleibt die Frau der antiken Hochkulturen fruchtbare Gebärerin, *mater foecunda* möglichst vieler Kinder, sexuell ein Gegenstand irritierender Faszination, magische Verwalterin lebendiger und tötender Kräfte des Unbewußten, unentbehrliche Dienerin und Unterworfen-Willenlose, Kultsymbol ohne eigene Züge (wie in den Fruchtbarkeitsriten) – in jedem Fall ein Wesen ohne eigene Individualität und Freiheit des Selbstseins.[3]

Schon das Judentum, massiv dann das Christentum bringen eine geistesgeschichtlich bis dahin unbekannte Komponente ein: Frau und Mann als gemeinsames Bild des Ursprungs. Grundsätzlich gilt, daß die jüdisch-christliche Denkweise im Vergleich der Religionen das Menschen- wie das Gottesbild entscheidend klärt und seiner üblichen magisch-mythischen Dämonie entkleidet. Dieser rasch hingesagte Satz bildet die erregende Geschichte der geistigen und kulturellen Entwicklung insbesondere Europas, und diese Dramatik umfaßt zugleich den Durchbruch zu einem Frauenbild, das nicht mehr vom Triebbereich des Geschlechts und der damit verbundenen (magisch-unbewußten) Macht, aber auch nicht mehr allein von seinen kompensierenden Aufgaben zu Entlastung oder Genuß des Mannes bestimmt ist. Vielmehr leistet der jüdisch-christliche Ansatz – gerade in der großen Ouvertüre der Genesis – die entscheidende Formulierung von Menschlichkeit, Personalität, Identität, und zwar gleichermaßen für den Mann wie für die Frau. Schon der gemeinsame Weltauftrag: «Wachset und mehret euch und macht euch die Erde untertan!» überträgt nicht Eva die Mehrung und Adam das Herrschen. Und diese Richtung (Richtung auch zu hören als Gericht über die andersartige soziale Wirklichkeit) setzt sich fort über die in der Spätantike einzigartige Stelle des *Paulus*: «Es ist nicht Jude oder Grieche, nicht Sklave oder Freier, nicht Mann oder Frau – eins seid ihr in Christus.» (Gal 3,28) Den letztgültigen Maßstab findet diese Auffassung in der Gestalt Jesu, seiner tatsächlich gleichwertigen Behandlung von Frau und Mann, sofern sie offen sind für das Gottesreich.[4] Es scheint, daß die erste urkirchliche Generation diese Gleichwertigkeit nach dem Tode Jesu in Tat und Gedanke verwirklichte, wenn man die berühmte Namens- und Funktionsliste des *Paulus* am Ende seines Römerbriefes erwägt.[5]

Freilich: Daß sich heute eine solche Aufmerksamkeit, sogar Empfindlichkeit für die Frau-Mann-Frage herausbildet, ist zweifellos ein Merkmal dafür, daß der anthropologische und theologische Schatz des Genesisberichtes und nicht minder des Neuen Testaments im Acker der Geschichte vergraben war. Denn auch bei einer nur beiläufigen Kenntnis der abendländischen Kulturgeschichte steigt auch eine gegenteilige Erfahrung hoch: die Nötigung der Christin zum Schweigen, ihre – wie aus anderen Kulturen bekannte – Einräumung ins Innere des Hauses, ihre erforderliche Konzentration auf besondere Tugenden als da sind Demut, Gehorsam, Selbstlosigkeit bis zur Selbstverleugnung, Stichwort «Efeu». *Augustinus* nannte den Mann in Seele und Leib das Abbild Gottes, die Frau nur in ihrer Seele – der Leib war vom Phänomen her zu stark mit Irdischem besetzt, eine (wesentlich neuplatonische) Mitgift der christlichen Anthropologie des Mittelalters.

So sehen Anthropologie und Alltags- wie Rechtspraxis des Abendlandes anders aus, als im Alten und Neuen Testament theoretisch grundgelegt. Auf die Frage nach dem Grund läßt sich sagen: Die beiden Testamente wurden kulturgeschichtlich, nach der Erfordernis der Zeit und von den unterschiedlichen Aufgaben der Geschlechter her eingeebnet. Die Frau wird von ihrem erstrangigen Zweck innerhalb des Sippenverbandes her bestimmt, vom Gebären und Aufziehen der nächsten Generation, oder sie wird auch als alte Frau für die Weitergabe des Sippenethos verantwortlich. In der Familie sind die Frauen zuständig, haben Macht (gerade im Alter) und Grenze der Macht – als Herrinnen des Hauses. Daneben gibt es das wichtige Modell der nicht in familiären Bindungen lebenden Frau, die sich einem Orden angliedert und ganz dem Karitativen und dem Gebetsleben zugeordnet ist – auch eine Form der Mitsorge und Stellvertretung. Übrigens bieten die Frauenklöster eine bemerkenswerte Öffnung zu geistiger Betätigung und durchaus auch rechtlicher Unabhängigkeit – ein ebenfalls noch kaum ausgeschöpftes Kapitel der Frauengeschichte. In Dichtung, Geschichtsschreibung und anderen schönen Künsten gibt es nicht wenige bekannt gewordene Nonnen. Im übrigen sind auch die mittelalterlichen Frauen keineswegs rechtlos, wie ein unausrottbares Klischee behaupten will.[6] Umgekehrt wird der Mann von mehreren Zwecken her bestimmt: von vielfältiger Berufsarbeit, von der Ausübung verschiedener politischer wie religiöser Ämter, von Verwaltung und Mehrung des Besitzes, von Herrschaft und Schutz über einen Hausstand, von geistiger Tätigkeit wissenschaftlicher, religiöser, forschender Art.

Daneben ist der jüdisch-christliche Grundsatz gleicher Menschlichkeit von Frau wie Mann nicht vergessen. Seine mühevolle, sich langsam ausformende Dynamik braucht allerdings Jahrhunderte, bis sie sich aus der eher religiösen Sphäre (Gleichheit vor Gott) auch in der Gesellschaft, der Politik, dem Recht, den Wissenschaften, dem Alltagsleben zu Wort meldet.

Die Frage nach der Ebenbürtigkeit von Mann und Frau wird in der Neuzeit nun an der Forderung nach erweiterten Lebensformen auch der Frau dingfest gemacht. Die Diskussion leitet sich ein mit der berühmten *«Querelle des femmes»* des 15. bis 18. Jahrhunderts, die – wie die Bezeichnung verrät – zunächst vor allem in Frankreich (ausgelöst durch die berühmte *Christine de Pisan*) ausgetragen wurde, dann aber auf Deutschland und Italien übergriff.[7] Diese Querelle zwischen Frauenfreunden und -feinden hat zum Gegenstand die Frage nach dem «Wesen» der Frau. Daran schließt sich die Frage an, ob sich dieses «Wesen» auch in weiter ausgreifenden Funktionen und Lebensformen ausgestalten könne und dürfe. Hier finden sich zwei große, gegenläufige Ansätze: zum einen die scholastische, antik gestützte Argumentation von der wesensgemäßen Unterordnung der Frau unter das leitende männliche Haupt, zum anderen eine Neubestimmung, welche die erste Schöpfungsgeschichte heranzieht und kraft der Gottgleichheit beider Geschlechter das alte unterwürfige Eva-Bild entschärft. Auf diesem religiösen Boden wird erstmals über Wesens- und Chancengleichheit argumentiert. Die Stellungnahmen von Männern wie von Frauen schwanken dabei zwischen der gehässigen Anfrage, *«Ob die Weiber Menschen seyn oder nicht?»* (*Valens Acidalius* 1595, dt. 1618), und der Gegenthese, Frauen seien aus vielen Gründen die besseren Menschen (Superioritätsthese des «venezianischen Dreigestirns» *Lucrezia Marinella, Moderata Fonte, Angela Tarabotti* um 1600). Eines der vielfachen Argumente lautet: Adam sei aus Lehm (*lutus*) geschaffen, Eva aber aus Fleisch; er als Erstgeschaffener sei ein Entwurf, sie als Zweitgeschaffene das vollendete Werk.

Es bleibt dem Frankreich des 17. Jahrhunderts vorbehalten, in diese hartnäckige europäische Diskussion über Inferiorität und Superiorität erstmals den Gedanken der *égalité* einzubringen: der Gleichheit der Geschlechter mit allen erdenklichen Folgen für Bildung, Amtsübernahme (politisch wie kirchlich) und Beruf, ja sogar für das Gottesbild selbst. Dieser bedeutende Schritt geschieht durch *Marie le Jars de Gournay* (1565–1645), die Philosophin und Freundin *Montaignes*, in dem Werk *«De l'égalité des hommes et des femmes»* von 1622. Zeitgleich kommt es zum Höhepunkt der europäischen Hexenverfolgung, in der Hauptsache nördlich der Alpen zwischen etwa 1590–1620 (also nicht im Mittelalter!): Dabei sucht man die theologische und juristische Quasirationalisierung eines irrationalen Syndroms. Verflochten wurden in die Hexenbeurteilung vier Stränge antiken und mittelalterlichen Aberglaubens, die bisher ungebündelt nebeneinander bestanden hatten: Dämonologie, Schadenszauber, Sexualvorstellungen und – als philosophischer Aspekt – der Gestaltenwandel (*mutatio*) aus der Potenz der (weiblich gedachten) Materie in vielfach wechselnde Formen und wieder zurück.

Der deutsche Sprachraum weist zu dieser Zeit nur wenige Vordenkerinnen der Querelle auf: etwa die berühmte *Anna Maria von Schurmann* (1607–1678) mit ihrer *«Dissertatio»* über das Frauenstudium (1641), das sie freilich nur für die Dame des gehobenen Standes fordert, um der Muße und den daraus entstehenden Verführungen zu entrinnen (!). Offensichtlich war die Diskussion der «Gleichheit» in Theorie und Praxis in Deutschland weniger entwickelt als in Frankreich. So finden sich im 17. Jahrhundert fast durchgängig Schriften zur Beschränkung des «Frauenzimmers» auf Haus und Familie – mit wenigen erfrischenden Gegenpositionen (der Pseudonymus *Johann Frauenlob* und *Wilhelm Ignatius Schütz* nicht zu vergessen). Im 18. Jahrhundert schreibt *Dorothea Christine Leporin-Erxleben* im Vorfeld der Aufklärung eine *«Gründliche Untersuchung der Ursachen, die das weibliche Geschlecht vom Studieren abhalten»* (1742). Die Untersuchung entstand aus eigenster Kenntnis: Die *Leporin* war die erste promovierte Medizinerin in Deutschland, die dazu einer Ausnahmegenehmigung Friedrichs II. bedurfte. Bezeichnenderweise räumt sie immer noch die naturrechtliche Unterordnung der Frau ein, fordert aber Ausbildung in den Wissenschaften, Emanzipation also für den Verstand.

Neue Polaritäten im Frauenbild: Aufklärung und deutscher Idealismus

In diese zaghafte Auseinandersetzung bricht die Aufklärung ein; die Philosophie ergreift das Szepter der Veränderung von Welt und Mensch. Das Vorfindliche wird nun Etüde für die spekulative Reflexion; das unterschiedliche Menschsein muß jetzt begründet werden.

Es ist *Immanuel Kant* (1724–1804), der noch in seiner vorkritischen, «galanten» Zeit die Frau für die Aufklärung philosophisch-systematisch ortet. In seiner Deutung finden sich zwar eine Reihe langgewohnter Vorgaben wieder, doch die Zuweisung der physischen, moralischen und verstandesmäßigen Minderwertigkeit der Frau unterbleibt; ja gänzlich schwindet bei *Kant* das trübe Assoziationsfeld weiblicher Dämonie. Ein eigenartiges Zeugnis solch gutgemeinter Neuorientierung bilden die *«Beobachtungen über das Gefühl des Schönen und Erhabenen»*, Königsberg 1764 (Königsberg ^{2}1766, Riga ^{3}1771). Sie entfalten nicht Gleichheit, sondern Polarität der Geschlechter, aber mit deutlichem Willen zur Gleichwertigkeit der beiden Pole. *Kant* behält den «reizenden Unterschied»[8] von Mann und Frau bei, ohne Unterton von Wertigkeit: Das Wesen der Frau ist Schönheit, das Wesen des Mannes ist Erhabenheit. In dieser Aufteilung spiegelt sich noch einmal die klassische Gegenüberstellung von Natur = weiblich und Geist = männlich, allerdings ohne ethisches Prädikat. So sehr die Frau dabei auf ein reines Naturwesen eingeschränkt bleibt, so sehr bedeutet diese Zuschreibung auch ihre nachhaltige Ästhetisierung: Die Frau ist schlechthin schön. So kommt es bei *Kant* zur Entdämonisierung der Frau; zu ihrem Vorrang in der Naturausstattung; zur gegenseitigen Verwiesenheit der Geschlechter anstelle ihrer Abspaltung zur Ästhetisierung auch der weiblichen Tugend: selbst Fehler der Frau sind angenehm; und schließlich kommt es zur Ausklammerung des Naturrechts für die Ehe, worin der Mann bisher «von Natur aus» die Stelle des befehlenden Hauptes einnahm: Ehe sollte nach *Kant* überhaupt nicht als Rechts-, sondern als Neigungsverhältnis verstanden werden. «Wenn es dahin kommt, daß die Rede vom Rechte des Befehlshabers ist, so ist die Sache schon äußerst verderbt; denn wo die ganze Verbindung eigentlich nur auf Neigung errichtet ist, da ist sie schon halb zerrissen, sobald sich das Sollen anfängt hören zu lassen. Die Anmaßung des Frauenzimmers in diesem harten Tone ist äußerst häßlich, und des Mannes im höchsten Grade unedel und verächtlich.»[9]

Deutlich spricht hier der «galante Kant», der in seinem eigenen Leben eine eher platonische Beziehung zum anderen Geschlecht besaß und in der fast kindlichen Verehrung schöner Damen dem überlieferten Hexenbild gerade unter den Intellektuellen den Boden entzog. Von daher muß seine Schrift als Neueinsatz wunderlicher und bewundernder Bewertung der Frau gewürdigt werden, wenn er es auch ausschließlich bei ihrer Ästhetisierung beläßt. Die Grenze des Ansatzes zeigt sich in dem Rückschritt hinter eine bereits erreichte Bildungsdiskussion: *Kant* verlangt vom Weiblichen keine Bildung, da das Wissen das angeborene Schöne und ursprünglich Intuitive zerstöre. Statt Bildung also Ausbildung von Rührung oder Empfindung: «Eben so werden sie (= die Frauenzimmer) von dem Weltgebäude nichts mehr zu kennen nötig haben, als nötig ist, den Anblick des Himmels an einem schönen Abende ihnen rührend zu machen, wenn sie einigermaßen begriffen haben, daß noch mehr Welten und daselbst noch mehr schöne Geschöpfe anzutreffen sein... niemals ein kalter und spekulativer Unterricht, jederzeit Empfindungen und zwar die so nahe wie möglich bei ihrem Geschlechtsverhältnisse bleiben.»[10] Entsprechend kann sich die Frau negativ nur zur Pedantin oder Amazone (nicht mehr zur Teufelin!) entwickeln, der Mann zum «läppischen Zieraffen»[11]: Diese Gegenbilder der Geschlechter stammen aus der Verkehrung der Naturordnung. Die Frage stellt sich freilich, was die nicht schöne oder alternde Frau mit dieser Definition von Frausein noch gemein habe. Hier ist die einzige Lücke in *Kants* galantem System, und so darf im Alter doch die Möglichkeit tieferer Bildung, in gewissem Sinne die Vermännlichung der Frau Platz greifen: «Allmählich, so wie die Ansprüche auf Reizungen nachlassen, könnte das Lesen der Bücher und die Erweiterung der Einsicht unvermerkt die erledigte Stelle der Grazien durch die Musen ersetzen, und der Ehemann sollte der erste Lehrmeister sein. Gleichwohl, wenn selbst die allem Frauenzimmer so schreckliche Epoche des Altwerdens herankömmt, so gehört es doch auch alsdenn noch immer zum schönen Geschlecht und es verunzieret sich selbst, wenn es in einer Art von Verzweiflung... sich einer mürrischen und grämischen Laune überläßt.»[12]

So verdankt die Frau des 18. Jahrhunderts *Kant* zwar durchaus nicht einen «Ausgang aus der selbstverschuldeten Unmündigkeit» – Kants Definition der Aufklärung –, im Gegenteil: Unmündigkeit wird als zur Natur der Frau gehörig empfunden. Dennoch ist diese Unmündigkeit nicht mehr diabolisch, minderwertig, naturrechtlich fixiert – sie macht den Reiz des Frauseins in einem naiven, von dem ebenso ritterlichen wie pedantischen *Kant* formulierten Sinne aus. *Friedrich Schiller* (1759–1805), den *Goethe* einen «gebildeten Kantianer» nannte, entwarf seine *«Maria Stuart»* nach der kantischen Konzeption des Schönen, freilich so, daß sie schließlich in der dramatischen Steigerung das Erhabene erreicht und vertritt – als königliche Frau.[13]

Wie sehr die Gleichsetzung der Frau mit dem Schönen auf das ausgehende Jahrhundert wirkte, spiegelt sich in den weiblichen Heroinen *Jean Pauls* (1763–1825), die in der Regel aus Intuition, Empfindung, visionärem Wahrnehmen der Gründe des Daseins bestehen – sofern sie nicht satirisch verzeichnet werden. «...wär' ich um keine Medaille in der Welt imstande gewesen..., den glücklichen Erfolg näher zu kolorieren, womit der Minister, um Lianens ungewöhnliche Schönheit der jüngern Jahre durch Erziehung in die jetzigen herüberzubringen, das Seinige getan durch zarte und fast magere Kost – durch Einschnüren – durch Zusperren seines Orangeriehauses, dessen Fenster er selten von dieser Blume eines milderen Klimas abhob – noch weniger hätt' ich wie er malen können, daß sie dadurch ein zartes, nur aus Pastellstaub zusammengelegtes Gebilde geworden, das die Windstöße des Schicksals und die Passatwinde des Klimas fast zerblasen können – und daß sie sich wirklich nur mit Seifenspiritus waschen könne und nur mit den weichsten Linnen ohne Schmerzen trocknen und nicht drei Stachelbeeren ohne blutende Finger abnehmen.»[14] Grober kontrastiert: «Die weiblichen Seelen sind Pfauen, deren Juwelen-Gefieder man in reinen und geweißten Wohnungen unterbringen muß, indes unsere in Entenställen sauber bleiben.»[15]

E. T. A. Hoffmann parodiert dieses Weiblichkeitsideal, das auch anderwärts gängig ist, mit großer Bosheit: «Fürs erste wollen sie [die Dichter], daß das Fräulein über alles, was sie von sich verlauten lassen, in ein somnambüles Entzücken gerate, tief seufze, die Augen verdrehe, gelegentlich auch wohl was weniges ohnmächtle oder gar zurzeit erblinde als höchste Stufe der weiblichsten Weiblichkeit.»[16]

Bei so viel Naturausstattung wird und wirkt Geist unweiblich. Die «schöne Seele» im größten Bildungsroman der Zeit, in *«Wilhelm Meisters Lehrjahre»* von *J. W. von Goethe* (1749–1832), gesteht im Rückblick vom Geliebten: «Er brachte und sendete mir manch angenehmes Buch, doch das mußte geheimer als ein verbotenes Liebesverständnis gehalten werden. Man hatte die gelehrten Weiber lächerlich gemacht, und man wollte auch die unterrichteten nicht leiden, wahrscheinlich weil man für unhöflich hielt, so viel unwissende Männer beschämen zu lassen. Selbst mein Vater, dem diese neue Gelegenheit, meinen Geist auszubilden, sehr erwünscht war, verlangte ausdrücklich, daß dieses literarische Kommerz ein Geheimnis bleiben sollte.»[17] Freilich leitet sich auch eine hausfraulich-irdische Gegenbewegung gegen die bloße Schönheit ein: Sie wird letztlich gegenüber der Solidität weiblichen Könnens zweitwichtig. «Äußert uns der Bräutigam, daß wir ihm in einer Morgenhaube besser als in dem schönsten Aufsatze gefallen, dann wird einem wohldenkenden Mädchen gewiß die Frisur gleichgültig, und es ist nichts natürlicher, als daß er auch solid denkt und lieber sich eine Hausfrau, als der Welt eine Putzdocke zu bilden wünscht... Hat ein solches Mädchen dabei das Glück, daß ihr Bräutigam Verstand und Kenntnisse besitzt, so lernt sie mehr, als hohe Schulen und fremde Länder geben können. Sie nimmt nicht nur alle Bildung gern an, die er ihr gibt, sondern sie sucht sich auch auf diesem Wege so immer weiter zu bringen. Die Liebe macht vieles Unmögliche möglich, und endlich geht die dem weiblichen Geschlecht so nötige und anständige Unterwerfung sogleich an; der Bräutigam herrscht nicht wie ein Ehemann; er bittet nur, und seine Geliebte sucht ihm abzumerken, was er wünscht, um es noch eher zu vollbringen, als er bittet.»[18]

Die dichterische Umsetzung soll nicht von der Hauptbetrachtung, der Philosophie der Geschlechterpolarität, wegführen; sie erhellt vielmehr den breiten kulturgeschichtlichen Boden, in dem Philosophie und Literatur gemeinsam wurzeln. Und auch das Rechtsempfinden steigt aus diesem Boden auf: Das rationale Gleichheitsideal einer *de Gouges* wird (schon im Frankreich der Revolution) wieder zugeschüttet. *Madame de Staël* (1766–1817) schreibt 1809 in dem wichtigen Buch *«Über Deutschland»*: «Man tut gut daran, die Frauen von den öffentlichen und bürgerlichen Rechten auszuschließen. Nichts ist ihrer natürlichen Bestimmung entgegengesetzter als alles, was sie in den Zustand konkurrierender Beziehungen zu den Männern brächte.»

Weit über diese glatten Behauptungen hinaus sucht *G. F. W. Hegel* (1770–1831) eine spekulative Grundlegung der Geschlechtertheorie. Die Weise, wie *Hegel* Frau und Mann auf den Begriff bringt, gründet in der dialektischen Gesamtbewegung seines Systemdenkens und vollzieht sich nicht einfachhin als Festschreibung einer Erfahrung; diese ist vielmehr durch die «Anstrengung des Begriffs» gegangen und versteht sich als gültige Auslegung der Geschlechterphänomenologie.

In den *«Grundlinien der Philosophie des Rechts»* von 1821 handelt *Hegel* auch «Die Ehe» ab. Besonders im § 166 dient dabei zunächst die Polarität von Mann und Frau als leitender Gedanke. *Hegel* versucht zuvor die Kantische Neigungsehe als ungenügend zu erweisen, denn Ehe muß sowohl das bloß physische Verhältnis, den Zweck der Produktion von Nachkommen erfüllen, als auch den bürgerlichen Kontrakt zur gegenseitigen Sicherheit gewährleisten. Die reine Empfindung trägt deswegen nicht allein, weil sie dem Zufall und der Zeit unterworfen bleibt. «Die Ehe ist daher näher so zu bestimmen, daß sie die rechtlich sittliche Liebe ist, wodurch das Vergängliche, Launenhafte und bloß Subjektive derselben aus ihr verschwindet.»[19] Zu diesem sittlichen Verhältnis bedarf es des natürlichen Untergrundes der Geschlechter. Die Natur des Mannes wird definiert als «das Geistige, als das sich Entzweiende in die für sich seiende persönliche Selbständigkeit und in das Wissen und Wollen der freien Allgemeinheit, in das Selbstbewußtsein des begreifenden Gedankens und in das Wollen des objektiven Endzwecks». Die Natur der Frau wird umgekehrt gekennzeichnet als «das in der Einigkeit sich erhaltene Geistige als Wissen und Wollen des Substantiellen in Form der konkreten Einzelheit und der Empfindung».[20] Übersetzt man diese schwierigen Passagen, so erscheint der Mann als jener, der aus der Entzweiung, nämlich der Distanz des Geistigen zu sich selbst, durch die Frau als sein Gegenüber zu sich zurückkehrt, während die Frau als eine sich genügende Einheit eine solche Rückkehr zu sich nicht braucht, vielmehr in der Familie ihre eigene Substantialität immer schon besitzt. «Jenes im Verhältnis nach außen das Mächtige und Betätigende, dieses, das Passive und Subjektive. Der Mann hat daher sein wirkliches substantielles Leben im Staate, der Wissenschaft und dergleichen, und sonst im Kampfe und der Arbeit mit der Außenwelt und mit sich selbst, so daß er nur aus seiner Entzweiung die selbständige Einigkeit mit sich erkämpft, deren ruhige Anschauung und die empfindende subjektive Sittlichkeit er in der Familie hat, in welcher die Frau ihre substantielle Bestimmung und in dieser Pietät ihre sittliche Gesinnung hat.»[21] Als «Gesetz des Weibes» gilt mithin das Gesetz «der Innerlichkeit, die noch nicht ihre vollkommene Verwirklichung erlangt» im Gegensatz gegen »das offenbare, das Gesetz des Staates». Kurz gesprochen bedarf der Mann der Frau, um aus seiner Zweiheit zur Einheit der Darstellung zu gelangen, die Frau des Mannes, um aus ihrer Einheit (freilich in Form bloß subjektiver Innerlichkeit) erlöst und aufgebrochen, nämlich zur Äußerung und damit zum Wirken veranlaßt zu werden. «Unentzweite Individualität» der Frau heißt noch nicht gewonnene oder vorverantwortliche Individualität, während der Mann diese Individualität von jeher mitbringt, ohne freilich das einheitliche Beisichsein anders als über die Frau zu besitzen.

Bei aller vertieften Spekulation enthalten *Hegels* Gedanken zur weiblichen Bildung noch deutlich kantische Vorstellungen: «Die Bildung der Frauen geschieht, man weiß nicht wie, gleichsam durch die Atmosphäre der Vorstellung, mehr durch das Leben als durch das Erwerben von Kenntnissen, während der Mann seine Stellung nur durch die Errungenschaft des Gedankens und durch viele technische Bemühungen erlangt.»[22]

Hegel sieht durchaus einen «tragischen Gegensatz» in diesem Verhältnis der Geschlechter. Tragik meint in seinem Wortgebrauch ein unbedingtes Verwiesensein aufeinander und die Unmöglichkeit, die Verwiesenheit zu verwirklichen, also sich auf derselben Ebene wahrhaft zu ergänzen. Das beiderseitige Zusammengehören ist ebenso notwendig wie ungleich im Ansatz. Die Antwort des einen Geschlechtes auf das andere erfolgt gleichsam auf eine so nicht gestellte Frage. Der Mann ist Löser der Frau, die Frau ist Mittlerin der Einheit des Mannes.

Nicht vergessen werden darf, daß *Hegel* hierin den Durchschnitt des Geschlechtsverhältnisses, also keineswegs die wirkliche und besondere Liebe zwischen Mann und Frau im Blick hat. Die Kennzeichnung der Liebe wird in den *«Vorlesungen über die Ästhetik II»* (1817/18; hg. 1836) im Abschnitt über den «Begriff der Liebe» gewonnen und zu einer bis dahin nicht erreichten Höhe geführt. In diesem Abschnitt überwindet *Hegel* die vorausgesetzte Polarität der Geschlechter, indem er eine Strukturbeschreibung der Liebe unternimmt, welche die beiden Partner einander angleicht. Erst in diesem Vorgang ist nun Absolutes, das Anundfürsich des Geistes erreicht – von daher sind die Kennzeichnungen der Ehe noch einem mittleren Zustand zugeordnet und treffen keine letzte Aussage über die Geschlechter. Der wirkliche Vorgang der Liebe formuliert sich folgendermaßen: «So ist in der Liebe vielmehr das Höchste die Hingebung des Subjekts an ein Individuum des anderen Geschlechts, das Aufgeben seines selbständigen Bewußtseins und seines vereinzelten Fürsichseins, das erst im Bewußtsein des anderen sein eigenes Wissen von sich zu haben sich gedrungen fühlt.

[...] Wesentlich wird sie [die Liebe] jedoch hier nur dadurch, daß das Subjekt seinem Inneren, seiner Unendlichkeit-in-sich nach in dies Verhältnis aufgeht. Dies Verlorensein seines Bewußtseins in dem anderen, dieser Schein von Uneigennützigkeit und Selbstlosigkeit, durch welchen sich das Subjekt erst wiederfindet und zum Selbst wird, diese Vergessenheit seiner, so daß der Liebende nicht für sich existiert, nicht für sich lebt und besorgt ist, sondern die Wurzeln seines Daseins in einem anderen findet und doch in diesem anderen gerade ganz in sich selbst genießt, macht die Unendlichkeit der Liebe aus.»[23]

Hier ist die Dynamik der Liebe als Dynamik von Selbstverlust und Selbstgewinn entwickelt: Das Subjekt wird über den anderen seiner selbst zum Selbst. Dieser Vorgang gibt zugleich die Selbstwerdung des Bewußtseins wieder: Aus dem An-sich gelangt es über das Für-sich zum An-und-für-sich. Die Geschlechter differenzieren sich dabei nicht, wenn auch *Hegel* den «weiblichen Charakteren» diese Hingebung am schönsten bescheinigt; doch muß die Struktur der Hingabe nicht spezifisch gedacht werden. In diesem Vorgang wird jede Form von Natur- oder Geistzuordnung überwunden, weil jeweils verlassen um des Gegenpoles willen, so daß zwar im Einsatz der Bewegung (die Frau geht von der Natur, der Mann vom Geist aus), aber nicht in ihrem Endzustand noch ein Unterschied geltend zu machen ist. Der unbedingte Bezug der Geschlechter aufeinander wird in der Liebe der herkömmlichen Bewertung und Unterscheidung entkleidet; das Verhältnis selbst verleiht den Polen des Verhältnisses eine sonst nie erreichte, unterschiedslose Qualität. Liebe wird so der Prozeß gegenseitiger Entselbstung und Verselbigung, des gegenseitigen Liebesopfers, in dem sich die Einung ereignet.

Auch diese Gedanken fanden ein literarisches Echo. Die Frau, die dem Manne aus seiner Zerrissenheit zu sich selbst verhilft, erhebt sich zur Muse seines Geistes und wird dabei sie selbst, da ihr eigener Geist erweckt wird. Nicht wenige Namen der deutschen Romantik verbinden sich mit einem solchen Entwurf: *Sophie de la Roche,* die Goethefreundinnen *Marianne von Willemer* und *Bettina Brentano*, in gewissem Sinne auch die unglückliche *Cornelia Goethe, Caroline Schlegel-Schelling, Dorothea Mendelssohn-Schlegel, Rahel Varnhagen,* oder, in tragisch-mißglückter Weise, *Caroline von Günderode*. Manche dieser Namen sind mehr die Folie des männlichen Ruhmes, Selbstopfer für den Geliebten; etwa *Dorothea Mendelssohn*, erst die Skandalfreundin des jungen, dann die treue Haus- und Ehefrau des ältlichen *Friedrich Schlegel*, die nach einer Zeit literarischer Tätigkeit später strümpfestrickend und nähend die Enkelkinder hütete. Auf die Frage eines Freundes, weshalb sie alle geistige Tätigkeit aufgegeben habe, antwortete sie gelassen: «Es gibt zu viele Bücher auf der Welt; aber ich habe noch nie gehört, daß es zu viele Hemden gäbe.»[24] Die meisten genannten Namen stehen aber für das Aufblühen und Ausleben eigener Begabung; zum ersten Mal nach den italienischen Renaissancedichterinnen kommen wieder im Weltmaßstab Frauennamen zum Vorschein, die gleichrangig auf der geistigen Ebene mit den Dichtern und Schriftstellern, auch den Malern und anderen Künstlern der Zeit in Erscheinung treten: begeisternd, anfeuernd und selbst schöpferisch tätig.[25] Ähnliches geschieht in England, wenn man an die *Schwestern Brontë* und *Jane Austen* denkt – die bereits sozial- und selbstkritisch beobachten, wie die konventionell eingeschnürte Lage der Frau auch ihren inneren Regungen keinen Raum läßt. «Er glaubte im Herzensgrund, daß liebliche, seelenruhige weibliche Mittelmäßigkeit das einzige Pfühl sei, auf dem gedankentiefes Mannestum Ruhe für seine schmerzenden Schläfen finden könne» – so *Charlotte Brontë* in dem Roman *«Villette»*, in dem die Heldin als Engländerin freilich das «kontinentale» Mittelmaß trotz allem und trotz eigener düsterer Gemütslage sprengt.[26]

Zugleich gibt es den Durchbruch zum eigenständigen Genie: in *Annette von Droste-Hülshoff* (1797–1848). In der Sprachgewalt einzigartig, in Intuition und Intensität ohne vergleichbares Beispiel, beschreibt die Droste nie zuvor Gehörtes, Gesagtes, das sie bis an den Rand der Selbstaufgabe drängt. Die bisherigen Felder weiblicher Erfahrung genügen hier längst nicht mehr, um das Andrängende einzufangen.

Bestürzend endet das 19. Jahrhundert geistesgeschichtlich gesehen im philosophischen Frauenhaß. Dafür stehen die Namen *Arthur Schopenhauer* (1788–1860) und, zweideutiger und daher wirkungsvoller als dieser, *Friedrich Nietzsche* (1844–1900). Die Zweideutigkeit ergibt sich daraus – was uns als Frage noch beschäftigen wird –, daß Nietzsche eine Ablehnung des «Weibes» formulierte, aber durchaus eine Anziehung durch die «Frau» erfuhr, konkret durch *Lou Salomé*, die er als Studentin in Zürich 1882 lieben lernte, die aber seinen Heiratsantrag ablehnte. So trifft man auf schroffe Zweiteilung in der Charakteristik des «Weibes»: «Allzu lange war im Weibe ein Sklave und ein Tyrann versteckt.»[27] «Was das Weib betrifft, so neige ich zur orientalischen Behandlung.»[28] Älteste Polarität taucht wieder auf: »Das Glück des Weibes heißt: er will.»[29] Und immer noch ist das Weib Natur und als Natur Instinkt, ohne und gegen den Geist: «Wenn ein Weib gelehrte Neigungen hat, ist gewöhnlich etwas an ihrer Geschlechtlichkeit nicht in Ordnung.»[30] «‹Emanzipation des Weibes›, ein merkwürdiges Symptom von der zunehmenden Schwächung der allerweiblichsten Instinkte.»[31] Dagegen steht aber, auch in *Nietzsches* Erfahrung, eine völlig andere Frau: «Das vollkommene Weib ist der Müßiggang des Schöpfers am siebenten Tag der Kultur, das Ausruhen des Künstlers in seinem Werke.»[32] «Man muß es in aller Tiefe nachempfinden, welche Wohltat das

Weib ist.. Erst durch die Berührung des Weibes kommen viele Große auf ihre Bahn.»[33]

Was gilt nun? Genügt es als Erklärung, daß *Nietzsche* offenbar zwei gegenteilige Erfahrungen mit Frauen machte oder sie in einer eigenartigen, vielleicht krankhaften Deutung erst zum Gegensatz stilisierte? Es ist, tiefer gesehen, zu vermuten, daß philosophisch etwas Wichtiges nicht verarbeitet ist, was das 19. Jahrhundert beständig doppeldeutig vor sich herschob: den Unterschied des Weiblichen im allgemeinen von der konkreten Frau. *Sören Kierkegaard* (1813–1855) hatte den Zwiespalt scharfsinnig getroffen: «Mein Freund ist Dichter, und einem Dichter gehört jener schwärmerische Glaube an die Frau wesentlich an. Ich bin, mit Respekt zu sagen, Prosaist. Was das andere Geschlecht betrifft, habe ich meine eigene Ansicht, oder richtiger, ich habe überhaupt keine, da ich nur sehr selten ein Mädchen gesehen habe, dessen Leben sich in einer Kategorie begreifen ließe.»[34] Was *Kierkegaard* als (gefährliche) Idealisierung darstellt, war bei *Nietzsche* in die Dämonisierung umgekippt. Für das Weibliche greift er auf elementare Assoziationsketten zurück: das Erdhafte, Schwere, die geschlechtliche Lust, das tierhaft Erotische, das Fruchtbare und Gesichtslose, das verschlingend Mütterliche, das Zauberische, Dämonisch-Verschlossene, das Gegenbild zum Geist. Die konkrete Frau schon des 19. Jahrhunderts aber war, diesen ältesten, dunkel besetzten Symbolfeldern vielfach schon entwichen, mit recht anderen Schwierigkeiten befaßt: mit dem Kampf um dieselbe Bezahlung, dasselbe Recht, dieselbe Bildung (die *Nietzsche* ja auch an *Lou*, der Studentin der Theologie und Kunstgeschichte, schätzte). So scheidet sich die symbolische Deutung des Weiblichen mehr und mehr als entweder wohlwollende oder böswillige Spekulation von der rasch sich wandelnden Selbsteinschätzung der Frauen, ihrem nüchternen historischen Bruch mit bisherigen Festlegungen. Mit der geänderten Lebenswelt aber wird die Metaphysik des Wesens der Frau brüchig, unglaubwürdig, gerade bei *Nietzsche* von hörbar falschen Tönen durchsetzt. Er, der den dionysischen Untergang des Geistes wünschte, warum sollte er eigentlich das Dionysische am «Weibe» hassen? Im Grunde läßt sich vermuten, daß Nietzsches «Weib» bereits ein geschichtsfernes Konstrukt vorstellt, sozusagen die ausgestopfte Dämonin früherer Zeiten, ihm als Philosophen immer noch prinzipiell genug, den Zeitgenossinnen aber weder mehr als Vorbild noch als Schreckbild dienlich.

Lou Salomé (1861–1937) selbst stehe für das Lebensgefühl der gebildeten, weltoffenen jungen Frauen am Ende des Jahrhunderts. In einem Brief vom März 1882 aus Rom an ihren mahnenden Erzieher in St. Petersburg strömt dieses Lebensgefühl unverhohlen über: *(Malwida von Meysenbug)* «pflegt sich so auszudrücken: dies oder jenes dürfen ‹wir› nicht thun, oder müssen ‹wir› leisten, – und dabei hab ich doch keine Ahnung, wer dies ‹wir› eigentlich wohl ist, – irgend eine ideale oder philosophische Parthei wahrscheinlich, – aber ich selbst weiß doch nur was von ‹ich›. Ich kann weder Vorbildern nachleben, noch werde ich jemals ein Vorbild darstellen können für wen es auch sei, hingegen mein eignes Leben nach mir selber bilden, das werde ich ganz gewiß, mag es nun damit gehn wie es mag. Damit habe ich ja kein Prinzip zu vertreten, sondern etwas viel Wundervolleres, – etwas, das in Einem selber steckt und ganz heiß vor lauter Leben ist und jauchzt und heraus will... was nennen Sie ‹Übergang›? Wenn dahinter andere Endziele stehen sollen, solche, für die man das Herrlichste und Schwersterrungene auf Erden aufgeben muß, nämlich die Freiheit, dann will ich immer im Übergang stecken bleiben... Wir wollen doch sehn, ob nicht die allermeisten sogenannten ‹unübersteigbaren Schranken›, die die Welt zieht, sich als harmlose Kreidestriche herausstellen!»[35]

Abstoß von den alten Ufern: Das 20. Jahrhundert

So klaffen auseinander die Metaphysik des Ewig-Weiblichen und das Selbstverständnis der modernen Frau, die zwar noch nicht philosophisch «abgesichert», aber vom Glück und der Notwendigkeit der historischen Stunde getragen Neues erobern, das Nichtdagewesene erproben will. Wie wird die Philosophie des 20. Jahrhunderts mit diesem Doppelbestand gedanklich umgehen? Die Umordnung des Denkens, nun stark von den Frauen selbst angetrieben, erfolgt langsam; sie holt im nachhinein ein, was lebenspraktisch schon erworben ist. Allerdings ist die gedankliche Neuordnung tiefgreifend und im übrigen bis heute nicht gültig formuliert.

Am Anfang des Jahrhunderts noch der Nachklang des vergangenen: Hier finden sich die einflußreichen Werke von *Georg Simmel, «Das Verhältnis der Geschlechter»* (1902), und *Otto Weininger, «Geschlecht und Charakter»* (1903). *Simmel* baut die Frau noch gänzlich in biologischer, seelischer und geistiger Polarität zum Mann auf, während *Weininger* erneut einen unseligen Absud *Schopenhauers* und *Nietzsches* anfertigt: Das weibliche Weib ist schlechthin unerträglich; nur das maskuline Weib, das den Mann (= das Geistprinzip) in sich entwickelt, ist dem Manne erträglich.

Gegenüber diesem Dokument wüster Verstiegenheit setzen zwei große gedankliche Linien an. Eine erste Linie wird, noch einmal, das Wesen des Weiblichen neu zu fassen suchen, diesmal in Überwindung der gewohnten Assoziationen durch eine ausdrücklich helle Symbolik. Dafür stehen die Namen *Teilhard de Chardin* (1881–1955) und *Gertrud von Le Fort* (1876–1971). In beiden Fällen handelt es sich zwar nicht um Philosophie im streng methodischen Sinn, jedoch um Deutungsversuche des Wesens der Frau, die die einzelnen geschichtlichen Leben übergreifend verklammern.

So ist es eine symbolgetragene, spekulative Metaphysik, aber doch Wesens-Metaphysik. *Teilhard* vollzog in seiner visionären *«Hymne an das Ewig-Weibliche»* von 1918 den bisher ungewohnten Schritt: Er besetzte die Symbolik der mütterlichen, weiblichen Materie neu, mit ihr die Symbolik der Frau. Statt dunkler, geistferner Ungrund zu heißen, wird die Materie bei *Teilhard* offen für den Geist, entwickelt sich auf ihn zu, ist sein Träger in Widerstand und Faszination, ist heilig, rätselhaft, unverfügbar – ebenso wie die immer noch nicht begriffene Aufgabe des Weiblichen. Ähnlich ist auch die Mutterschaft der Frau – ihre dauerhafteste historische Aufgabe – im Grunde weder richtig eingeordnet noch in ihren künftig möglichen Offenbarungen erfaßt: als Offenbarung der Fruchtbarkeit des weiblichen Geistes. 1934 schreibt *Teilhard* den kühnen Text *«Evolution der Keuschheit»*: «Die Frau für die Fortpflanzung der Rasse – oder überhaupt keine Frau: das ist das von den Moralisten aufgestellte Dilemma. Gegen diese Vereinfachung erheben sich jedoch unsere teuersten und sichersten Erfahrungen. So fundamental sie auch ist, die Mutterschaft der Frau ist fast nichts im Vergleich zu ihrer geistigen Fruchtbarkeit. Die Frau bringt zur Entfaltung, sensibilisiert, offenbart an sich selbst den, der sie als Geliebte haben wird. Diese Wahrheit ist so alt wie der Mensch (der Mann). Aber damit sie ihren vollen Wert erhielt, mußte die Welt den Grad an psychologischem Bewußtsein und sozialer Evolution erreichen, wo in einer weithin ausgebreiteten und wirtschaftlich gesicherten Menschheit die Fragen der Ernährung und der Fortpflanzung anfangen, von den Problemen der Erhaltung und der Entwicklung der geistigen Energien beherrscht zu werden.«[36] *Teilhards* eigenes Angezogensein von Frauen folgt dieser Spur ein Leben lang mit großer innerer Sicherheit, obwohl seine Lebenswahl, der Jesuitenorden, dazu wenig Raum bot.

Gertrud von Le Fort legte unter dem zeichenhaften Titel *«Die ewige Frau»* ebenfalls 1934 einen anderen Entwurf vor. Dreifach formt sich bei ihr das Wesen der Frau aus: als Mutter, Braut und Jungfrau. Alle drei Grundformen treten selbst noch einmal dreifach variiert auf: als «ewige Frau» (metaphysisches Antlitz des Weiblichen in seinem kosmisch-religiösen Rang), «Frau in der Zeit» (namentlich einzelne «charismatische» Gestalten) und «zeitlose Frau» (namenloser, alltäglicher Einsatz für das Schwächere). Genau besehen wurzeln alle drei jedoch in der gemeinsamen weiblichen Grundanlage, Dienst für einen anderen zu übernehmen, unter der Verborgenheit des «Schleiers» unbeachtet Großes zu tun. «Vom Charakter der bloßen Mitwirkung her, auch der charismatischen Frau, erleuchtet sich das Geheimnis, weshalb weibliche Leistung außerhalb des Charismatischen stets nur zweiten oder dritten Ranges bleibt. Der Grund liegt nicht in der geringeren Begabung, sondern er liegt im Wesen und Auftrag des Weiblichen... in einer letzten Zuspitzung des Gedankens bezeugt gerade die unscheinbare Leistung das eigentliche weibliche Mysterium, die Bedeutung der Frau nicht als sichtbarer, sondern als unsichtbarer Pfeiler des geschichtlichen Lebens.»[37] So wird der «Schleier» zum Synonym für die Frau, Signatur ihrer äußeren Ohnmacht, inneren Macht; die Unsichtbare ist zugleich die Ausschlaggebende, die bloß Mitwirkende ist die Wirkungsvollste. «Hingebung ist Offenbarung, ist eine Gabe: die dem Manne, gleichviel in welcher Form, hingegebene Frau bringt ihm als Mitgift die Hälfte einer Welt zu! In der Hingebung der Frau als Offenbarung dieser andern Welthälfte steckt der weibliche Anteil an der geistig-kulturellen Schöpfung des Mannes. Hingebung ist Offenbarung, aber eine verhüllte. Selbst im Jenseits tritt Beatrice Dante zunächst verschleiert entgegen!»[38] Wo das Wesen der Frau freilich nur mit Hingabe identifiziert wird, drängt sich der Eindruck hoch stilisierter

Zustandsbeschreibung auf, die als metaphysische Norm ausgibt, was immer schon so gewesen ist und immer so bleiben soll. Auch Dienen kann zur Ideologie werden; *Gertrud von Le Fort* ist dem bei aller Klugheit nicht entgangen, auch wenn man ihre zugrundeliegende Auseinandersetzung mit dem plump-biologischen Frauenbild der Nationalsozialisten in Rechnung stellt. Weibliche Bedeutungslosigkeit wird zum Bedeutendsten erklärt, zugleich wird die Bedeutungslosigkeit metaphysisch versteinert. So bleiben die konkrete Zeitgeschichte, die veränderte Lebenserfahrung und Lebensanforderung der Frauen unberührt; das Zeitlose hat die Zeit eingeebnet. Um nicht mißverstanden zu werden: In ihrer eigenen Dichtung sind *Gertrud von Le Forts* Frauengestalten weit kraftvoller und lebendiger, auch ichhafter konturiert. Nur das Ewig-Weibliche hält die Frau, jedenfalls beim heutigen Lesen, lähmend besetzt. Kraft solcher Einseitigkeit ist auch das Diskutable am Ansatz von *Le Fort* wohl für die Zukunft verschüttet. Die theoretische Gegenwehr hat sich längst formuliert, nüchtern und analytisch.

Denn die Zeitgenossin bedarf einer anderen Betrachtung. Vorgestellt seien zwei Philosophinnen, die die Frage nach der weiblichen Eigenart auch, ja vor allem von einer Theorie der Geschichte und Individualität her entwickeln. So lautet die schroffe These der Existentialistin *Simone de Beauvoir* (1908–1986) in der berühmten Arbeit *«Das andere Geschlecht»* von 1949, «die Frau» gebe es überhaupt nicht, vielmehr werde jede Frau zur Frau «gemacht». Gemeint ist der einleuchtende Zusammenhang, daß Frausein eine Spiegelung der Erziehung, der übertragenen, wenn nicht eingebläuten Rollen, des Gebrauchtwerdens bedeutet. Bei *Beauvoir* wird dieser Zusammenhang freilich absolut, von bitterer Totalität. Wann wird Dienen weibliches Glück? Wenn man es lange genug als solches bezeichnet hat. Auch die einfache, faule Denkungsweise ist aufzuheben, nach der Frausein vorrangig durch den biologischen Uterus bestimmt wird, dem sich dann alle seelischen Haltungen zuordnen müssen, um «weibliche», gattungstypische Eigenschaften zu sein. Wann immer die Frau als «die andere» bezeichnet wird, wird sie nach Beauvoir schon ausgrenzend ins Anderssein abgewiesen. Daher gilt es nach ihr, die Kategorie «weiblich» von Grund auf als repressiv zu begreifen, ihren Gebrauch zu ächten. Den Unterschied zum Mann, geschweige daß es noch ein «reizender Unterschied» wäre, kann *Simone de Beauvoir* nicht mehr in die Theorie einbringen; das Glück des Andersseins kann fürs erste weder gedacht noch gelebt werden.

Anders und umfassender versucht sich die Husserl-Schülerin *Edith Stein* (1891–1942) der Frage zu nähern, nämlich phänomenologisch: vom Erscheinungsbild der Frau aus vorsichtige Folgerungen auf ein weibliches «Innen» zu ziehen. Methodenleitend bedient sie sich dabei des alten scholastischen Satzes von der *anima forma corporis*, der Seele als Form des Körpers, und verbindet damit psychologische Erfahrungswerte. Um den Unterschied zum Mann wenigstens ansatzweise zu bestimmen, geht die Beobachtung vom Leib zur Seele und zum Geist der Frau weiter. Was im Leib Anlage zur Mutterschaft heißt, ist im Seelischen Einfühlung in das Schwächere oder anziehend Größere, ist Anpassung, Hilfe zur Entfaltung, Begabung zur Gefährtenschaft: in einem von *Edith Stein* gern verwendeten Wort das Gemüt. (Eine sachliche Nähe zu *C. G. Jungs anima* ist erkennbar.)

Der Versuch, die spezifisch weibliche Form von Geist darzustellen, gerät jedoch bedeutsamerweise schwierig. *Edith Stein* bestimmt den Geist der Frau als «Verlangen, Liebe zu geben und zu empfangen, und darin (als) eine Sehnsucht, aus der Enge ihres tatsächlichen gegenwärtigen Daseins zu höherem Sein und Wirken emporgehoben zu werden»[39]. Der aktiv-passive Prozeß dieser Geistigkeit besteht ebensosehr im eigenen Reifen wie darin, «zugleich in den andern das Reifen zu ihrer Vollkommenheit anzuregen und zu fördern... tiefstes weibliches Sehnen, das in den mannigfaltigsten Verkleidungen, auch Entstellungen und Entartungen, auftreten kann. Es entspricht.. der ewigen Bestimmung der Frau.»[40]

Edith Stein hat diesen ihr selbst zu engen Rahmen ontologisch-philosophischer Wesensbestimmung der Frau immer dort verlassen, wo sie in die wirkliche Geschichte der Frauen eindringt, oder auch dort, wo sie weit ausblickende Ansätze einer neuen Bildungslehre für Frauen entwickelt. In der Regel wird sie dann die Veränderung dieser (zu) allgemeinen Vorgaben durch die lebendige Person betonen. Jede Person hat in ihrer Eigenart jeweils neue, ihr selbst gemäße Ausprägungen des Vorgegebenen zu vollziehen, ja es ist die Kunst (und das drohende Mißlingen), dies zu lernen. Durch die Lebendigkeit des Individuellen kommt in das sonst alles fixierende Grundmuster die eigentliche Lebensspannung, die Notwendigkeit, sich selbst wie den anderen auch das Unverwechselbare, Eigene zuzugestehen, ja darauf ausdrücklich die Anstrengung zu richten.

So findet *Edith Stein* wohl die stärksten Sätze zur Eigenart der Frau, wenn sie das Frausein dem Menschlichen (Personalen, Freien, mit sich Identischen) nachordnet. Zu *Ibsens Nora* fällt die Bemerkung: «Sie weiß, daß sie erst ein Mensch werden muß, ehe sie es wieder versuchen könnte, Gattin und Mutter zu sein.»[41] Oder die «nebenbei» formulierte Einsicht, die die phänomenologische «Wesensbestimmung» aufhebt: «Menschsein ist das Grundlegende, Frausein das Sekundäre.»[42]

Mit welcher Schwierigkeit für das 20. Jahrhundert die Bestimmung des »spezifisch Weiblichen« verbunden ist, mag aus einem bisher unveröffentlichten Brief von *Hedwig Conrad-Martius* (1888–1966), der Freundin und Taufpatin *Edith*

Steins, hervorgehen, die selbst eine außerordentliche Phänomenologin war und das Problemfeld in seiner Verworrenheit so aufrollt: «Ihre Frage (= nach der weiblichen Eigenart) ist ja nicht ganz leicht und einfach zu beantworten. An dem von Ihnen erwähnten Zwitter sieht man, daß der geschlechtliche Typus sogar schon im Biologischen durcheinandergehen kann. Erst recht kann das natürlich in rein seelischen und geistigen Bereichen der Fall sein. Eine durchgehende absolute weibliche oder männliche Artung wird es empirisch kaum je geben. Ich bin der Meinung, daß in jedem Menschen, so wie die Potenzen für alle Rassen... auch die Potenzen für beide Geschlechtstypen darinliegen. Natürlich sind bei einem Menschen, der nun einmal biologisch ein Weib oder ein Mann geworden ist, auch die seelischen und geistigen Bezirke normalerweise und im großen und ganzen ‹männlich› oder ‹weiblich› ausgeprägt. Daneben gibt es Männer mit einer weiblichen Gefühlsseele, Frauen mit einem männlichen Verstand oder auch Frauen mit männlicher Willensbestimmtheit usw. Um das im Einzelfall und grundsätzlich zu klären, bedürfte es allerdings einer phänomenologischen Wesensbestimmung dessen, was im allgemeinen Sinne ‹männlich› oder ‹weiblich› genannt werden kann. Daran fehlt es überall. Man kann ja auch von einem typisch männlichen Kunstwerk oder von einer typisch weiblichen Kulturära sprechen. Es wäre dies ein Thema für eine große phänomenologische Wesensuntersuchung.»[43]

Aus diesen klugen Bemerkungen von *Hedwig Conrad-Martius* wird einmal mehr deutlich, daß eine Bestimmung des Weiblichen, die der Wirklichkeit gerecht wird, auch für die phänomenologische Prüfung verwickelt ist und immer von der geschichtlichen Erfahrung ergänzt und berichtigt werden muß.

Eigenartigerweise treffen sich *Edith Stein* und *Simone de Beauvoir*, die sonst weit Getrennten, in der Forderung, die weibliche Persönlichkeit in ihrer individuellen Anlage, in ihrem eigenen Lebensentwurf ernst zu nehmen: Wechsel von der Frage nach dem Weiblichen überhaupt zur Aufmerksamkeit auf die Person, zur einzelnen, einzigartigen Frau, oder deutlicher: zum Menschen in der Frau. Freilich bleibt der Personbegriff bei *de Beauvoir* letztlich leer, das heißt von wenig mehr als von der abstrakten Autonomie des Selbstseins gefüllt, während *Edith Stein* die Person von ihrer jeweils einzigartigen Ausstattung durch ihren (göttlichen) Ursprung faßt und sie darin die vorhandenen (leiblichen und seelischen) Gattungselemente nicht mehr determinierend, eher stützend, auf jeden Fall aber untergeordnet erfährt. «Keine Frau ist ja nur Frau» ...[44]

Was heißt Menschsein?
Neues Aufrollen eines Spannungsfeldes

Unter der Hand und bisher unkommentiert ist in unserem Jahrhundert der Mann aus der Betrachtung verschwunden: Das Thema Frau hat die Bühne mit jener Macht betreten, die aus dem zu lange Unterschätzten eruptiv aufsteigt. Um das Feld, das die Geistesgeschichte der letzten zweihundert Jahre beackert hat, auf seinen Ertrag hin zu beschreiben, seien letztlich die Fragen anschaulich gemacht, die nach all den erprobten Entwürfen in die heutige Anthropologie-Diskussion gehören, um zwei Defiziten abzuhelfen: einer internen Unausgewogenheit der Frauentheorie und dem Verlust einer theoretischen Position des Mannes.

Dazu ein Blick auf die jetzt entfaltete Fragestellung: Gegenwärtig geht es nicht mehr – wie in der ersten Phase der Frauenbewegung des 19. und frühen 20. Jahrhunderts – um die Gleichberechtigung mit dem Mann; sie ist weithin formuliert und in Gesetzen niedergelegt. Es geht in der jetzigen zweiten Phase der Frauenbewegung (Feminismus) vielmehr um das spezifische Leben als Frau, um die Suche nach weiblichen Werten, weiblicher Geschichte, weiblicher Kultur, weiblichem Selbstbewußtsein (so unscharf und teilweise ideologisch diese Suchvorstellungen bisher auch sind). Dabei bleibt eher im Hintergrund (weil schon bekannt?) die gegenpolige Frage, was das spezifische Leben als Mann, die männliche Kultur, ausmache. Vieles läuft in der Beschreibung nur gefühlsmäßig ab, bräuchte eine Begründung in der Theorie, aber die Theorie ist noch lückenhaft, sogar widersprüchlich. So sind zeitgleich vielerlei Konzepte des Menschlichen und des Fraulichen sichtbar, die gegenüberliegende Extrempunkte am Gesamthorizont bezeichnen: Emanzipation bis zur Verweigerung jeder längerdauernden Bindung – auf der Gegenseite aber auch Unterwerfung unter den Mann, etwa in absoluter sexueller Abhängigkeit (man müßte sie richtig als *gegenseitige* Unterjochung begreifen). Ferner: eine freizügige bis geschmacklose Selbstdarstellung von Frauen in den Medien (Stichwort «Denver-Biest») – auf der Gegenseite eine betont formlose, ja verhäßlichende Aufmachung in Stil, Benehmen, Mode: der «Unisex» der Studentinnen-Generation, die auf keinen Fall «schön» sein will. Weiterhin: der alte feministische Verdacht, zur Frau «gemacht» zu sein, verneint deshalb die aus der Leiblichkeit und der eigenen Psyche kommende Mitgift schlechthin als anerzogen, z. B. die Sehnsucht nach Schutz und Zärtlichkeit, nach Kindern – auf der andern Seite aber die reichlich sprießenden Ideologien, daß Frauen (würde man sie nur lassen) die menschlichere Welt, die schonendere Technik, die friedlichere Lebensalternative vorstellten... Wenn ich nun eigentlich zur Frau gemacht (verformt) bin – wieso ist Frausein dann doch wieder «besser»? Lauter Fragen, wenig Antworten.

Doch ist heute zumindest ein offeneres Gebiet des Nachdenkens erschlossen, als viele der angeführten Definitionen hergaben: Die Frau ist und soll sein..., der Mann ist und soll sein... In der Regel erfolgte darauf ein spekulativ angereichertes Weiterschreiben der Erfahrung. Und so trat meist ein, was *Martin Heidegger* (1889–1976) ironisierte: «Anthropologie ist jene Deutung des Menschen, die im Grunde schon weiß, was der Mensch ist und daher nie fragen kann, wer er sei. Denn mit dieser Frage müßte sie sich selbst als erschüttert und überwunden bekennen. Wie soll dies der Anthropologie zugemutet werden, wo sie doch eigens und nur die nachträgliche Sicherung der Selbstsicherheit des Subjectum zu leisten hat?»[45]

Heute wird vor allem ein Schritt vollzogen: die Ablehnung von Definitionen der Frau, wo es um angeblich ihrer Natur eigentümliche und ausschließliche Gaben geht. Frauen haben sich mit Recht Freiheit und Gleichheit erkämpft – im säkularen Nachhall der Genesis-Botschaft von der paradiesischen Ausstattung beider Geschlechter mit Gleichheit vor Gott, Freiheit zur Welt. Freilich stehen auch diese erkämpften Ideale heute unter der Gefahr, «wie ein Raub festgehalten zu werden», das heißt sie nicht aus ihrer Gesamtwahrheit zu verstehen, die spannungsvoller, gegensatzbestimmter ist: Gleichheit *und* Unterschied, Freiheit *und* gegebene Anlagen, Haltung *und* Gehaltensein aus meinen Vorgaben, aus meiner Leiblichkeit, meiner seelischen Mitgift etwa. Unterschied und Vorgaben werden aber heute entweder ideologisch ins Wort gebracht (*Frausein ist besser*) oder trotzig fallengelassen, was beinahe auf dasselbe herauskommt; es fehlt an der gelassenen Formulierung des Unterschieds, überhaupt am *gelassenen Unterschied. «Vive la différence!,»* hört man endlich neuerdings aus Frankreich.[46] Gerade weil wir gleich sind in der Menschlichkeit, können wir uns Frausein und Mannsein leisten (und genau ohne Defensive). Wenn ich dagegen zur Frau nur *gemacht* bin, wie *Simone de Beauvoir* klagte, dann kann ich kaum noch

Frau sein, was meint, souverän Glück darüber empfinden, daß ich bin, wie und was ich bin. Wie könnte ich mich meiner freuen, solange ich mich nur als weiblich stilisiertes Kunstprodukt sehe und noch dazu meine Macho-Produzenten in ihrer Gemeinheit durchschaue? Die Gebildeten unter den Verächtern des Geschlechtsunterschiedes hätten über diese Frage noch nachzudenken.

Meine These: Der Unterschied zwischen Frau und Mann ist gerade seiner Asymmetrie wegen wichtig. Asymmetrie ist ein Gesetz des Lebendigen, und übrigens auch des Schönen. Ein vollkommener Kristall kann nicht wachsen, außer wenn er unregelmäßig ist. Alles, was lebendig ist, was der Entwicklung und reizvollen Antwort auf Neues fähig ist, besteht nicht aus symmetrischen Kräften, die einander genau die Waage halten. Es setzt sich vielmehr zusammen aus ungleichen Energien mit unterschiedlichem Antrieb und getrennten Aufgaben. Allerdings sind die Kräfte auf ein einheitliches Ziel hin zu versammeln, sonst brechen die Strebungen aus dem Lebendig-Ganzen aus. So sind die Geschlechter einander asymmetrisch zugeordnet – und das macht den Reiz der Beziehung aus. Zu modischer Breite angewachsen ist heute ein ideologisch unterfüttertes Ausweichen vor dem anderen Geschlecht, seiner Zumutung durch Anderssein. Männer flüchten sich zu Männern, Frauen zu Frauen. Homoerotik vermeidet jeweils die Zwei-Einheit aus Gegensatz, sie wünscht Zwei-Einheit aus Gleichem (allerdings nur quasi, weil ein Partner doch die «andere» Rolle übernimmt). Könnte über alle Morallehren hinweg, die doch wenig greifen, die alte Genesis-Vision heute erneuert werden, daß sich in dem Einlassen auf das fremde Geschlecht die göttliche Spannung, die Lebendigkeit des Andersseins ausdrückt?

Die Suche nach der verlorenen Identität wird heute von Frauen vorangetrieben, im Unterschied zu den vergangenen

Philosophien. Zu wünschen wäre, daß sie auf eine Einsicht stoßen, in welcher weder die gemeinsame Menschlichkeit noch die reizvolle Besonderung der Zweiheit auf der Strecke bleiben. Anders: eine Einsicht, worin Selbstand und Sich-ergänzen-Lassen zusammengehören. Das klingt freilich nach der Quadratur des Kreises. Im Unterschied zu früher sind aber diesmal die Komponenten klarer: Nicht muß der Efeu die Eiche umschlingen, nicht die Eiche den Efeu tragen. Identität läßt sich nicht geschlechtlich hälften und dann zusammenbacken. Das Sich-ergänzen-Lassen meint keineswegs Addition, es meint das Zulassen und Aushalten der genannten Lebensspannungen. Allerdings heute mit neuen Balanceversuchen, ausgespannt zwischen dem Langerprobten und dem neuen Gegenufer neuer Möglichkeiten. Das scheint die unruhige Signatur unserer Epoche zu sein. Aber ist Unruhe nicht ein Zeichen des Geistes, Anruf von dem, was noch nicht tief genug gelebt war?

Sich finden und sich verlassen. Vorsicht vor dem identischen Ich

«Und ich sagte: Jetzt fange ich an!,
da ich auch aus mir selber auszog.
Hier ist keine Gefahr mehr,
denn in mir selber zurückzubleiben,
das war die Gefahr.»

Augustinus

Selbstgewinn ist die bange, unaufhörliche Suche unserer Zeit, die Signatur unserer Unruhe: Wer bin ich eigentlich? Besonders Frauen, einzeln oder in Gemeinschaften, treiben diese Suche vorwärts, weil die Antworten vergangener Mütter darauf als nicht heutig, als zu festgelegt, wohl auch als zu stark einschränkend empfunden werden. Auf die Frage nach der weiblichen Identität eine Antwort zu finden, die noch nicht verbraucht ist und der so vielfältig herausfordernden Wirklichkeit entspricht, ist eine dringliche Aufgabe. Auch deswegen, weil der Neuaufbau, die Konturen des Künftigen noch durchaus lückenhaft sind und der Abbau augenblicklich zu überwiegen scheint. Diesen noch unsicheren Konturen dienen die gegenwärtigen Überlegungen, und zwar nicht, weil sie ihrerseits ein «Wesen der Frau» oder ein «Wesen des Mannes» zugrunde legen, sondern weil sie ein Spannungsfeld, also mehrfache Komponenten der Identität mit mehrfachen Gefährdungen und glückhaften Möglichkeiten, ausfalten.

Denn die Rede von der Selbstfindung hat einige Elemente oder «Strukturen» zu berücksichtigen; wo Strukturen sind, sind sie aber ganz, nicht nur ausschnitthaft aufzurufen, und außerdem ist Einordnung, Deutung vonnöten. Etwa die Deutung, daß es sich um *allgemeine* anthropologische

Kennzeichen handelt, die die einzelne Frau, den einzelnen Mann keineswegs »festlegen«, ihr und ihm im Gegenteil den Spielraum eigener Gestaltung eröffnen. Freilich sollte der Spielraum in seiner Spannweite klar, nicht ideologisch betrachtet werden, zumal er sich nicht bloß individuell, sondern zwischen sachlichen Vorgaben, einer durchaus vorhandenen «Mitgift» von Frau wie Mann öffnet. Aber zwischen diesen einzelnen Polen menschlicher Existenz mag die Dynamik des eigenen Lebens recht unterschiedlich hin und her wandern.

Die Suchbewegung nach der eigenen Mitte ist trotz aller gängigen Vorstellung ein wenig anders und reicher angelegt, als daß sie einfach übersichtlich wäre, und es ist dienlich, sich die Stationen der Fahrt nach dem eigenen Selbst einmal klarzumachen. Wann und wie finde ich mich? «Werde, der du bist», lautet der antike orphische Weisheitsspruch – ja gerne, aber wie? Der Weg dorthin hat Rhythmus und Gesetz, er verläuft nicht «irgendwie», und es ist gut, sich seine Normalität und Abfolge vor Augen zu halten – dann wird das eigene Versagen verständlicher und seinerseits normaler, weniger lastend, und das Ankommen wohl auch leichter. Schon die in vielen Meditationen vermittelte Vorstellung, jeder Mensch trage einfach eine vorhandene, ja zuhandene Mitte in sich, auf die er in der Selbstversenkung, im «Abschalten» der Ablenkungen zurückkomme, ist nicht hilfreich. *Edith Stein,* Psychologin von Geblüt, hat diesen Gang in die vermeintliche Mitte als Gang in die eigene Leere skizziert, welcher man dabei zur eigenen Langeweile innewerde. Wenn von Mitte sinnvoll die Rede sein soll, erscheint sie vielmehr als eine Frucht, als Ergebnis schwingender Ruhe, worin verschiedene Bewegungen sich womöglich glückhaft ausbalancieren.

Denn wie lange dauert es überhaupt, bis wir «ich» sagen können, «ich» meinen? Unser Dasein beginnt keineswegs damit, im Gegenteil. Vor allem «Ich» steht das ältere «Wir»: der Mutter, des Vaters, der Geschwister, der Freunde und Freundinnen, der Schulklasse, der Kirche, des Sportclubs. Alle sind wir in einem guten und nötigen Sinne Herde, Kind und Schaf, bevor wir einzelne werden – alle sind wir zunächst eingeborgen, in Hut und Bindung, angewiesen auf den Schutz des Zugehörens und des Gleichseins in der Gruppe. Immer ist uns ein Älteres, Mächtigeres voraus – von ihm lernen wir, was wir sind, was man tut, frau soll... Solche Vorgaben stützen die eigene Mitte, fordern sie heraus, bilden sie – zugleich freilich bestimmen sie, was und wer ich bin, formen mein Selbstbewußtsein über das Fremdbewußtsein. Ich bin das, was die anderen von mir halten. Dies gilt so tief, ja ist so normal und hilfreich, daß die mangelnde «Außenhaut» böse Verletzungen, unreifes Klammern, unsicheres Wachstum, im letzten eine Ichschwäche hervorruft.

So formt sich aus dem Spiegel der anderen langsam das eigene Gesicht. *Identität wächst von außen nach innen.* Sie beginnt im «Gehäuse» der Familie, der Gruppe, der Kultur, auch der Sprache. Die Wahrheit dieses lebensnotwendigen Zusammenhangs ist in unserem Jahrhundert brutal ideologisiert und in eine mörderische Unwahrheit umgewandelt worden: die Gesellschaft produziert ihre (Un-)Menschen. Diese Entgleisung aus dem schützenden «Gehäuse» der Erziehung in eine gewissenlose Zwangsjacke funktionaler Brauchbarkeit hat ein Blatt aus dem Buch der Anthropologie herausgerissen und falsch gelesen – was freilich nicht von der Aufgabe entbindet, für jede neue Generation die notwendige Arbeit des Zurechtformens zu leisten.

Wenn sie gelingen soll – entgegen dem katastrophalen Experiment unseres Jahrhunderts –, dann hat sie auf zwei Elemente dieses lebensvollen Spieles zu achten. Das eine ist die Bestätigung, die Anerkennung, die Schätzung, das Geliebtwerden (und zwar in unserer Eigenheit, nicht als Kopie). Wir alle leben in einem unersättlichen Hunger nach Bestätigungen, leiden, wenn sie ausbleiben. «Ich habe dir doch schon gesagt, daß ich dich liebe» – ein solcher Satz, mürrisch gesagt, streicht seinen Inhalt durch: Jede Beziehung bedarf der immer neuen Liebe, muß immer neu das Selbstbewußtsein im Spiegel wecken. «Am Du gewinnt sich das Ich«, so *Martin Buber*. Aber auch ein Zweites tut not, damit die Bestätigung nicht ins Süßlich-Falsche abrutscht, nach den nicht ungewohnten Gruppen-Beschwichtigungs-Prozessen: wie gut, daß es dich, mich, uns alle gibt – auch das wird als Ritual hohl. Dieses Zweite, das der Selbstwerdung dient, ist Widerstand. Widerstand kann ein Verbot sein, kann auch als Verbot das Selbstbewußtsein provozieren, die Kraft stauen. Aber es ist grundsätzlicher das, was das vielsagende deutsche Wort Gegen-Stand ausdrückt: Gegen-Stand der Wirklichkeit, der Arbeit, des Fremden, das zu bewältigen ist. Auch hieran bildet sich das schwache, noch unzentrierte Ich. Beide Elemente enthalten auch Gefahr: einerseits nur auf Bestätigung hin zu leben, nur in der Aura der Zustimmung handeln zu können, von anderen gebraucht werden zu müssen; andererseits, falls der Widerstand zu groß ist und nicht verarbeitet werden kann, unentwickelt zu bleiben, kindlich-abhängig. Jede Autorität wandelt auf dem schmalen Grat, wo sie möglicherweise zu stark, zu widerständig für das anvertraute Leben ist, möglicherweise zu verhalten («sollen die doch selber ihre Fehler machen»). Wirkliche Autorität kommt von *augere*, Wachsenlassen, zum Eigenen entbinden, ohne daß zu frühe, unüberwindliche Verletzungen den Wuchs unterbinden. Und andererseits: Jeder Gehorsam wandelt auf dem schmalen Grad, wo er sich sinnvoll einem Ganzen einfügt und wo er eigenen Entscheidungen, vielleicht nur dem eigenen Nachdenken, verführerisch faul ausweicht.

Weibliche Identität hat gegenwärtig besonders mit der bisherigen geschichtlichen Festlegung, der Erwartung oder Verpflichtung auf bestimmte Aufgaben zu tun, welche Frauen in den bisherigen Gemeinschaften fraglos erfüllten: etwa als Hausfrau, Ehefrau, Mutter. (Der Ausdruck «Rolle» für solche Aufgaben gehört in seiner Uferlosigkeit mittlerweile in Quarantäne gesetzt.) Und bisher waren die biologischen und seelischen Reifungsschritte von Frauen ziemlich eindeutig und von der Umwelt in ausgeprägten Formen begleitet: zustimmend, ablehnend, kanalisierend, wertend. Trockener gesagt: Die Erweiterung oder Veränderung der weiblichen Ichidentität wurde und wird wesentlich mitverursacht vom sozialen Umfeld (mit einer ins Auge fallenden Kehrseite, der mittlerweile berühmten weiblichen «Sucht, gebraucht zu werden»).

Dennoch ist dieses «Ganzsein» erst von den Nötigungen des Alltags mitgetragen und daher noch keineswegs wirklich «ganz», auch nicht «ganz Frau». Vor allem kann die Stufenleiter der eigenen Entwicklung auch durchaus umgekehrt verlaufen: Neben dem Aufstieg gibt es den sozialen Abstieg. Gerade in Krisen, selbst wenn sie nicht schuldhaft sind, wie Partner- oder Berufsverlust oder Krankheit, wird die Umwelt in gewissem Sinne verstärkend, nämlich das Unglück verstärkend, mitwirken. Ferner sind gerade die bisherigen «selbstverständlichen» Aufgaben von Frauen verändert, wesentlich erweitert und den bisherigen Aufgaben des Mannes ähnlich geworden, ohne daß dafür bereits ein Gemeinsinn, gemeinsame Zustimmung entwickelt wäre.

So gehört zum Ichwerden neben das Einfügen ein Gegengewicht: eine unabhängige, oder besser weniger abhängige persönliche Identität. Auch Unverwechselbarkeit, Einzigkeit gehört zum eigenen (und fremden!) Anspruch an menschliche, weibliche wie männliche Existenz. Selbst die «optimale» Rollenträgerin, zu der wiederum die Frau neigt, muß sich noch einmal auf das nicht Stereotype, das «eigene Gesicht» befragen, ja sie wird paradoxerweise sogar von ihrer Umgebung danach befragt. Der Bestangepaßten fehlt die Farbigkeit der Unterscheidung, und sie wird auf der instinktiven Stufenleiter der Hochschätzung sinken («Hat die denn immer Zeit?» «Hat die keine eigenen Ideen?»).

Die Spannung von innen nach außen

So muß die Unruhe hochsteigen, wie sie es heute vielfach tut: Was und wer bin ich denn außerhalb meiner Funktionen, meiner Brauchbarkeiten, meiner Anforderungen? Gibt es mich überhaupt auf einem jenseitigen Ufer, abgesehen von dem, was die anderen auf dem hiesigen Ufer von mir wollen, von mir meinen – und was ich ihnen zugestehe? Wieder sind es besonders Frauen, die heute an dieser Frage bohren; sie wäre aber ebenso für den Mann bedrängend, nur formuliert er sie gegenwärtig weniger deutlich. Und in der Frage steckt die wahre, unabweisbare Erfahrung, daß unser Leben zu einem Gutteil aus Pflichten, aus einem Schwimmen in der Wir-Gruppe besteht, notwendig zum einen, beengend zum anderen.

So macht man sich zu einem bestimmten Zeitpunkt auf den Weg «von mir zu mir», wie *Simone Weil* formuliert, auf die klassische *«quest»*, die das Mittelalter als Ausfahrt und *Aventure* beschrieben hat, die aber, genau ins Auge gefaßt, eine Innenfahrt ist. Freilich ziehen bei weitem nicht alle los, oder nur ein Teil in uns, denn: «Älter ist an der Herde die Lust als die Lust am Ich», wie *Nietzsche* scharfsichtig sah.

Aber der Teil, der loszieht, erlebt etwas Wichtiges: daß in mir selbst eine Reise und Aufgabe, und zwar eine ungelöste, sich stellt. *Identität wächst von innen nach innen.* Denn auch in mir wartet nicht nur eine stille und vorhandene Mitte, gleichsam ein ruhiger Innenpunkt, auf Entdeckung, vielmehr zeigt sich mein eigenes Leben ausgespannt zwischen gegenläufigen, ja widerstreitenden Polen: etwa zwischen Trieb und Selbst. Zentrifugale und zentripetale Kräfte, solche, die in die Mitte streben, solche, die aus ihr wegstreben, lassen eine innere Uneinheitlichkeit fühlbar werden, die nicht ein für allemal zu beenden ist, sondern auf die Dauer eines Lebens dunkle und helle Vorgaben zur Balance aufgibt. «Herr und Herrin im eigenen Hause werden» heißt, die Vorgaben der Triebe, die ebenso notwendigen wie mächtigen Motoren unserer Vitalität, kennen- und steuern zu lernen. Diese Motoren haben eine Neigung, gerade weil sie lebensnotwendig sind, sich zu verselbständigen: Wie leicht geht der Trieb in Sucht über. Dann zerfetzt er aber das Leben, statt es aufzubauen, bindet es an die Peripherie und ihre Abhängigkeiten. Das Empfinden der Unfreiheit ist das Warnsignal, wenn das Auseinanderstrebende überhand nimmt. Sich an den Trieb abzugeben, ist keineswegs Glück. Alle Kulturen und Religionen arbeiten an der Formung, Bändigung, Einordnung dieser Vitalität, übrigens nicht um sie zu brechen, sondern um sie zu erhalten (wenn auch die Formung recht unterschiedlich ausfällt).

Die Vorgabe der Motorik wird nämlich dann Gabe, wenn es gelingt, sie für mich selbst in Dienst zu nehmen. Dieses Selbst läßt sich durchaus eine Mitte nennen, welche die Peripherie auf sich sammelt; in der Umgangssprache nennt man es das Herz. Gelingt dies, stellt sich das wunderbare Gefühl der Freiheit als Index des Gelungenen ein. Allerdings wäre es wieder ein Mißverständnis, wollte man in der Selbstfindung diese Mitte abgrenzen: Sie entsteht nur im Spiel und

Widerspiel der verschiedenen Kräfte, muß sich einmal stärker zusammenziehen, ein andermal stärker verausgaben. Kurz: Sie wechselt in Stärke und Dichte während der verschiedenen Lebensphasen; Überschwemmungen aus der Tiefe, der Triebtiefe nämlich, können das schon gewonnene Gleichgewicht immer neu überraschend herausfordern. Hier gilt aber nicht Angst, sondern das Wissen: Nur die Krise ist der Ausweis des Lebendigen, nicht die Befriedung. Unruhig ist unser Herz, bis es ruht – paradoxerweise in einem anderen, als es selbst ist. Die selbstgemachte Ruhe ist verräterisch, bietet sich als glückhafte Ausnahme, nicht als Dauerzustand an. Die goldenen Nachmittage, wo die Waage des Daseins viertelstundenlang steht, bevor die reifen Früchte ins Gras tropfen – solche Augenblicke darf man sich wünschen. Aber sie zur Norm, zum Maßstab des gejagten Glücks zu machen, ist ungut, lenkt die Energie auf das Falsche. Glück gehört zu den seltsamen Gegebenheiten, die sich mit Freude begrüßen, aber nicht anstreben lassen.

Stehende Mitte in sich selbst auszubilden ist auch deswegen von der Sache her unlösbar, weil eine andere Mitgift uns bedrängt: der Geist. Geist ist nicht Abitur, Wissensbesitz ist nur seine klassische Verwechslung. Geist ist Selbstand, Personalität, Selbstgehörigkeit. Aber – und das ist seine innere Gegenspannung – auch: Ekstase, Herauskommen aus sich selbst, Selbstvergessenheit, Anheimgeben an Fremdes. Selbstgehörigkeit ist nicht Monolog, Selbstbespiegelung, sondern Dialog, tiefes Eintauchen in anderes. So heißt die Doppelbewegung des Geistes, die erst einmal auszuhalten ist: bei sich und außer sich zu sein, aus dem Selbstand in die Hingabe überzugehen, sich aus Freiheit anzuvertrauen. Auch dies kommt leicht, sehr leicht aus der Balance. «Das Wesen der Frau ist Hingabe, das Wesen des Mannes ist Selbstand« – solche Sätze prägten lange Zeit die Lehre von den Geschlechtern; heute läßt sich darin der einseitige, ja falsche

Ton hören. Der delikate Tatbestand sieht anders aus: Geistigkeit ist von ihrer Grundstruktur her beides – Selbstand und Hingabe. Wer sich selbst sucht, ob Mann oder Frau, ist gut beraten, beide scheinbar ausschließlichen Pole als verwandt zu begreifen und zu leben, sonst verrutscht die Hingabe zur Preisgabe, die Freiheit zur leeren Autonomie, in welcher ich, die Ellenbogen angezogen, die Hand nicht mehr ausstrecken kann, sonst bin ich schon wieder «unfrei», verwundbar. Ja, ich bin es auch: die Hingabe bietet immer die offene Flanke.

Aufrichten von innen nach oben

Mit dieser Einsicht über unsere Doppelanlage haben wir unversehens die Suche nach uns selbst geweitet. Die Wahrheit ist: Wir spannen uns immer über uns selbst hinaus. Jeder Mensch ist mehr, als er selbst ist. Dieses eigentümliche «Mehr» hat Namen; die Hoffnung, die Liebe, die Angst beschäftigen sich damit. Identität meint nicht einfach einen Monolog. Sie ist im Gegenteil als Gespräch angelegt: mit einem Du. Die Liebe weiß am intensivsten davon, aber auch alltägliche Formen des Lebens verhalten sich ähnlich «gesprächig», und sei es nur in der Abwehr, mehr aber noch in der gespürten Anziehung, sich einzulassen auf ein Fremdes. Dieses dritte Spannungsfeld zeigt: *Identität baut sich auf von innen nach oben.* Als Zugkräfte wirken Wert und Sinn (eine tiefempfundene Aufgabe des ganzen Lebens etwa); die beseligende, ja selbst die unglückliche Liebe zu einem Du mit ihrer ungeheuren Erfahrung von Selbstgewinn und Selbstverlust; das Heilige und leider auch das Dämonische (religiöse Erfahrungen); schließlich *der* Heilige. Solche Fragen sind nicht ein frömmelndes Dekor der Frauendiskussion, die ihnen lange ausgewichen ist; sie gehören ihr von

Grund auf und von der Sache her zu. «Gott ist mir innerlicher, als ich mir selbst bin», so *Augustinus* – in diesem unzugänglichen Innen liegt die Attraktivität, die mich in der Suche hält.

Nicht der Standpunkt, auf dem ich, die Arme angewinkelt, bewegungslos stehe, ist entscheidend, sondern die Bewegung, die aus mir aufsteigt und mich gleichzeitig über mich selbst hinaus öffnet (und deswegen auch verletzlich macht, wovor so große Scheu besteht). Freiheit kann nicht in einem einfachen Selbstgespräch abgehandelt werden. In ihr liegen Heraustretenkönnen, Wagnis zur Mitteilung, ja, mehr als Antwort: Überantwortung. Und was die daraus erwachsende (neue/alte) Verletzlichkeit angeht: *Identität wird nicht in Selbstabschottung hergestellt, sie wird nur unabsichtlich eingeholt.* Dies geschieht, wenn sie sich «verläßt» im schönen Doppelsinn des Wortes: sich aufgeben und vertrauen. Sich finden und sich dabei verlieren auf ein Vertrauenswürdiges hin: Das ist nicht in der Autonomie möglich, die sich auf sich selbst versteift – aber möglich ist es in der Freiheit, die sich auf ein «mehr» hin öffnet. Aus Freiheit wird Hingabe sinnvoll – und nur dort übrigens, was zugleich den alten Verdacht ausräumt, daß Hingabe monomanisch entgleisen muß und nichts anderes ist als listig umbenannte Vernutzung. Im Widerspiel von Finden und Verlassen seiner selbst liegt die Seligkeit, die freilich ein Gegenüber voraussetzt, das uns herauslockt. Wie genau und ernst diese Zuordnung ist, wie tief sie aus der Autonomie des geistverlassenen Zeitgenossen herausführt, beleuchtet ein Altersvers *Rilkes* vom 31. Januar 1922:

> «Solang du Selbstgeworfnes fängst, ist alles
> Geschicklichkeit und läßlicher Gewinn –;
> erst wenn du plötzlich Fänger wirst des Balles,
> den eine ewige Mit-Spielerin

dir zuwarf, deiner Mitte, in genau
gekonntem Schwung, in einem jener Bögen
aus Gottes großem Brücken-Bau:
erst dann ist Fangen-Können ein Vermögen...»

Das Herauslocken durch die Mit-Spielerin kann auch im Verbergen geschehen, wie *Dionysius Areopagita* im 5. Jahrhundert vermutete: «Gott entzieht sich aus Lust, sich finden zu lassen.» Dem antwortet paradoxerweise die eigene Lust, auf der Suche nach sich selbst im endgültigen Verlieren seiner selbst anzukommen.

Ja und Nein zusammen.
Geschlecht und Verzicht, oder:
Gegen das Selbstmitleid mancher Kleriker

Konturen eines Gegensatzes

Die dem Evangelium entnommenen Ratschläge zu Armut, Keuschheit und Gehorsam stellen ein «Kürzel» des religiösen Lebens dar, das vorrangig mit der Lebensweise des Mönchtums und des Priesterstandes verknüpft wird. Aus eben diesem Stand steigen heute jedoch Selbstzweifel auf, die bei besonderem rhetorischen Geschick bis zur Larmoyanz über die ideal gewählte, real mißlingende Lebensweise gehen. Der Vorwurf religiöser Lebensverweigerung ist zwar nicht neu *post Nietzsche*, neu ist jedoch, daß der *Kleriker* selbst seine Pathologie bestsellernd ausbreitet. Jedenfalls scheinen in seinen Augen die «normalen» Christen besser bedient, die sich notwendig auf Besitz, Liebe/Ehe und relative Macht ausrichten, wobei Macht hier zumindest Gewinn von Eigenstand, Reife und Mündigkeit heißt.

Diese knappe Gegenüberstellung der zwei Lebensformen zeigt bereits das Problem: Die «evangelischen Räte» lassen sich nur unter bestimmten Vorgaben leben, nämlich vom *einzelnen* (in einer Gemeinschaft von ähnlich entschlossenen einzelnen) und in der Haltung des *Unbedingten*, des religiösen *plus ultra*. Und daraus folgen fast notwendig die bekannten und vorschnellen Einordnungen: es handle sich dabei um die religiöse Bestleistung, um die Elite neben dem Fußvolk, um die Vollmilchchristen neben den teilentrahmten Frischchristen (wie ein protestantischer Prediger sagte), in jedem Fall: um ein sichtbares Gefälle des religiösen Eros von diesen «Einzelkämpfern» zu den Mitläufern. Und hier liegt zweifellos eine (Selbst-)Überforderung bedrohlich nahe. Da sie in vielen Fällen offensichtlich den großgezeichneten Entwurf nicht erreicht, scheint es dann um so schöner, wenn dieser Elitestand nicht steht, sondern fällt – wie heute darüber mancherlei teils gnadenlos von den «normalen Beobachtern», teils voller Selbstmitleid der Betroffenen, jedenfalls zur Gaudi des Publikums veröffentlicht wird.

Ist der großgezeichnete Entwurf damit erledigt? Ziehen wir seine Konturen noch einmal nach: Am Anfang einer solchen Entscheidung, schon in diesem Leben unmittelbar alles auf Gott zu werfen und das am eigenen Leibe auszutragen, steht der bewundernswerte Wunsch nach dem anziehenden und harten Weg, der Christus selber ist. Im Blick darauf können das Besitzen, die Selbstverfügung, die Geschlechtlichkeit und das Leben in leiblicher Gemeinschaft nur abgrenzend neben die drei Räte gestellt werden: Denn ich teile ja Leib, Leben, Liebe, Reichtum, Selbstand nicht mit Gott, sondern mit einem Menschen. Alle Sehnsucht nach Geliebtwerden und die Notwendigkeit zu lieben haben ein näheres Ziel, eine hiesige Erfüllung (wenigstens manchmal). Damit wird die Verfügbarkeit verschoben, wie Paulus schon bemerkte, übrigens ohne großen Scharfsinn und Theologenressentiment, schlicht durchs Hinsehen belehrt: Man dient dem Gatten mehr als Gott. Des Sichfügens und der Hingabe bedarf es in dieser Bindung nach wie vor – doch jetzt übersetzt sich die ganz große Geste in die ganz kleinen Szenen einer Ehe. Nicht selten übersetzt sich auch die Hingabe in Preisgabe, noch schlimmer: in Preisgegebenwerden. Damit reduziert sich auch das Ziel, Gott, als Horizont des ganzen Lebens. Der Pfeil der Seele fliegt kürzer, senkt sich auf Eigenziele im Vordergrund. Es beginnt die Rotation weniger um das Selbst als um das erweiterte Selbst, die Familie. «Und es listet die Seele Tag für Tag der Gebrauch uns ab», so *Hölderlin*. Es sei denn, daß sie durch nicht ausbleibende

Erfahrungen – Glück oder Schmerz – damit «aufzuhören» genötigt wird.

Mit der Blickrichtung auf Gott scheint doch der Rat des Evangeliums sinnvoll, geschlechtsfrei oder geschlechtsfern zu leben, wenn dieser Ausdruck statthaft ist, fern auch von den sonstigen Ichbestätigungen durch Haben und Befehlen. Tatsächlich ist auch die Mehrheit der Heiligen in einem solchen Lebensgang zu ihrer Ganzheit (*whole* = heilig) fortgeschritten, auch in jüngster Zeit, in den Konzentrationslagern unseres Jahrhunderts. Neigen nicht die Familienmütter und -väter in äußersten Bedrohungen eher zum Ausweichen vor letzter Geradlinigkeit? Sind sie nicht leichter erpreßbar durch das andere, geliebte, anvertraute Leben? Die geschlechtliche Beziehung mit ihrer inneliegenden Vervielfältigung zwingt ja zum Bleiben, zu Besitz, Versorgung, zu Strukturen des Befehlens und Kämpfens – da ich für andere, Schwächere geradestehe und nicht allein meine Option in Entsagung leben darf. (Hier steht immer wieder das trotz allem Überdruß nicht beantwortete Problem, ob ich beispielsweise Frau, Mann, Eltern oder Kinder einem Gewalttäter überlassen darf, wenn ich persönlich zur Gewaltlosigkeit entschlossen bin. Offensichtlich darf ich es nicht. Ebenso, ob ich meine ganze Familie in strenger Armut halten darf, wenn ich sie für mich persönlich wähle.) Diese Einsicht von den «strukturellen Folgen» der geschlechtlichen Bindung, von den Folgen für die gesamte Lebensweise der sich Bindenden, muß klar gewonnen sein – hier greifen die evangelischen Räte zunächst ins Leere. Darin liegt wohl der Grund, weswegen «das gläubige Volk» bei den Unverheirateten ein selbst nicht gelebtes Ideal erblickt, sie mit seiner Verehrung bedrängt – neben dem Sündenbock braucht es auch den Tugendbock (der tut, was ich eigentlich tun sollte). Freilich ihn bei Versagen dann auch nachhaltiger bestraft. Stellvertretung wird also wörtlich gefordert: die

Armen, Ehelosen, Gehorsamen führen, nach der Auffassung der anderen, das wesentlich christliche Leben für diese anderen mit.

Und trotzdem. Das Ganze ist von der Sache her noch nicht auf eine wirkliche und wirksame Wahrheit durchsichtig. Aus zwei Gründen: Das große Anerbieten, sich ein für allemal auf Gott zu werfen, ist selbst noch unrein, hat sein spezifisches Mißlingen, dem die zeitgenössischen Enthüllungen gewidmet sind. So nähern sich die beiden Stände allein schon über die verworrene *conditio humana* einander an. Verschiedene Halbheiten, aber eben Halbheiten. Freilich könnte man sich einfach traurig oder schadenfroh damit begnügen, daß noch der Heilige ein Heuchler ist. Zweitens: Das Nachdenken müßte der Frage tiefer auf den Grund gehen und die Menschen betrachten, die weder arm noch ehelos noch gehorsam das Leben antreten, d. h. einem menschlichen Du nachfolgen und damit den Eros zum Reich Gottes umleiten. Ist das Reich Gottes damit hintangesetzt? Was geht hier, auf die Dauer einer Bindung, wirklich vor sich?

Die Zähmung des Geschlechtes: der klassisch-religiöse Ansatz

Um in die Tiefe des Problems zu gelangen, eine Eingangsfrage: Hindert die Geschlechtlichkeit, kraft ihrer Struktur und ihrer Folgen, notwendig den Flug der Seele? Die erste Antwort lautet redlicherweise Ja. Dieses Ja kommt nicht aus Theologie und Intellekt, sondern aus ältester, interkulturell und interreligiös abgestützter Erfahrung und hat eine Teilbeschreibung in der Psychologie erfahren. Jede Kultur, auch die sogenannte primitive, erzieht zum Triebverzicht. Aus sozialen Gründen: denn nur die Bändigung der Triebe läßt auf Dauer Gemeinschaft entstehen. Gemeinschaft wird sogar definiert durch dieselben die Lebensform regelnden Gebote und Verbote, durch die gemeinsame Ordnung von gut und böse – und diese Ordnungen enthalten ausnahmslos auch Sexualregelungen. Weiterhin aber wirken religiöse Gründe: die überwundene Triebhaftigkeit macht frei für das Heilige. Die Psychologie hat dies unter der produktiven Spannung von Triebverzicht und Steigerung (Sublimation) beschrieben. Solche Zähmung der Triebe schneidet tief ins eigene Fleisch und dabei tief ins eigene Geschlecht, das mehr als Fleisch ist, auch die Phantasie besetzt hält. Längst vor Judentum und Christentum gehört es zur Selbstverständlichkeit, gerade die aufsässige Sexualität zu unterwerfen, durch Einräumung ins Verbotene und Erlaubte, in Ort und Zeit, durch Bindung an ein bestimmtes Gegenüber, auch durch wörtliches Aushungern: Fastenzeit im mehrfachen Sinn vor einer Begegnung mit dem Göttlichen, phasenhaft-jahreszeitlich wiederholt, oder auch das lebenslange geschlechtliche Fasten der dem Göttlichen geweihten Personen. Soll das Lebendige, Lebenspendende der Sexualität bewahrt werden, so muß ihr Todesaspekt gebändigt sein. An diesen Todesaspekt «allen Fleisches» erinnert der Buddhismus seine Mönche durch eine dreimal am Tag angeschlagene Glocke, «diese Glocke, die so bitterlich Nein! sagt».[1]

Hinter dieser traurigen Abwehr steht die Erfahrung des Urchaos, der Wiederkehr «uralter Verwirrung», die sich vorrangig in der geschlechtlichen Ekstase ausprägt. Es gibt auch die bewußte religiöse Rückkehr ins Chaotische, etwa im Dionysoskult der Griechen, aber nur unter Aufsicht der Kultgemeinschaft, die das Zurückfinden ins «Haus» der normalen Beschränkung garantiert. Auch diese Ausnahme ruht übrigens auf Fastenzeiten des Geschlechts auf – die Dauerekstase ist eine vergebliche Selbsttäuschung. Offenbar muß die alte, abgestanden scheinende Erfahrung immer neu angeeignet werden, daß die Spaltung von Trieb und Selbst nicht durch ein Sich-Ausleben, die Schwabinger Maxime der Jahrhundertwende, wirksam verklammert wird. Vielleicht tut man den Manichäismus zu rasch als manichäisch ab? Wieso könnte er sich übrigens so lange halten, wenn er nur falsch wäre? Wie, wenn ihm vielmehr ein anthropologisches Grundbedürfnis entspricht, das Auseinanderstrebende durch Struktur, Grenze, Maß, auch mit Gewalt gegen sich selbst zusammenzuhalten – und dies in besonderer Härte gegen die Geschlechtlichkeit, die sich rasch aus dem Zentrum der Person lösen, zentrifugal werden kann. «In die freie Höhe willst du, nach Sternen dürstet deine Seele. Aber auch deine schlimmen Triebe dürsten nach Freiheit. Deine wilden Hunde wollen in die Freiheit, sie bellen vor Lust in ihrem Keller, wenn dein Geist alle Gefängnisse zu lösen trachtet.»[2]

Daraus die eine große Anstrengung der Kulturen und Religionen, den Menschen zum Herrn im eigenen Hause und eigenen Keller zu machen, genauer: zum Herrn, zur Herrin im eigenen Leibe und seiner ungeheuren geschlechtlichen Motorik. Und wenn es sein muß, den Schlüssel zum Keller lieber zu verlegen als ihn steckenzulassen – die Variante Manis und des philosophischen Neuplatonismus. *Soma sema* – «der Leib ein Kerker», wie es die orphische Weisheitslehre knapp hinsetzt. Die heutige Erhabenheit über diese Konzeption ist vielleicht dem Phänomen noch nicht hinreichend begegnet, oder ist auch weniger ehrlich als die spätantiken Philosophenschulen, welche die fessellose Promiskuität in allen Varianten kannten und in allen Varianten verachteten.[3]

Judentum und Christentum verdanken sich diesem Boden, unterscheiden sich aber von ihm in der Begründung. Wieder gibt es ein Trotzdem. Denn die Selbstbändigung stellt sich hier keineswegs erstmalig, eher als klassische Regel dar. Von welcher Grundeinstellung aber ist der Bereich des

Geschlechtes getragen? Wie läßt sich die Spannung zwischen Trieb und Selbst halten, das Wegstrebende binden, Gröbstes – auch in der Warnung an die nächste Generation – vermeiden? Sind z. B. Selbstmord oder Kastration die Lösung, was ja religiös begründet werden kann? Sind (Gruppen-)Orgiastik oder *Laisser-faire* die Lösung? Wie sieht der Wert aus, um dessentwillen das eigene Fleisch beschnitten wird? Und wie weit wird es beschnitten? Nicht der Heroismus selbst ist schon sein eigenes Ziel, aber wohin entwirft sich der Held, die Heldin? Wer genau darf mich mir selbst abfordern? Hier geben die religiösen Kulturen unterschiedliche Antworten unterschiedlicher Dignität.

Die Freude am Geschlecht: Biblischer Boden

An dieser Stelle die Skizze der Antwort, die Judentum und Christentum formuliert haben, worin die ganze Wahrheit und die Wahrheit des Ganzen noch einmal anders zugänglich werden. Hier formuliert sich ein neues *Wie*: Wie die allen Religionen bewußte Spannung, die aus der Geschlechtlichkeit selbst aufsteigt, einzuordnen ist. Diese andere Antwort – die obige ergänzend – lautet, daß die Geschlechtlichkeit, kraft ihrer Struktur und ihrer Folgen, den Flug der Seele zu Gott *nicht* hindert.

Eine solche gegen den bisherigen Strich laufende Behauptung stützt sich auf den explosiven Beginn der Genesis (1,27): «Und Gott schuf den Menschen nach seinem Bild und Gleichnis. Als Mann und Frau schuf er sie.» In der Zweigeschlechtlichkeit läßt sich *El*, der sonst Bildlose, sehen. Und dieser religiös ungewohnte Schritt unterstreicht das Götzenbilderverbot: keine Bilder Jahwes außer dem von ihm selbst gewollten – dem Menschen. Mann und Frau sind die Bildfreude Gottes.

Damit eröffnet sich ein unerhörtes Beziehungsgeflecht: Wir selber sind theomorph, Gott fraulich oder männlich nachgestaltet. In dieser merkwürdigen Erkenntnis hat besonders die Tatsache Raum, daß sich jeder Mensch als geschlechtliches Wesen erfährt. Und das bedeutet sofort, daß er sich selbst nicht genügt, nach dem Fehlenden unterwegs ist. Dieser Mangel ist so stark, der Drang zur Ganzheit so zwingend, daß er außerhalb des jüdisch-christlichen Denkens von einem Gott verkörpert und nur von einem Gott geheilt werden kann: von Eros. Platon zeigt im *Symposion* diesen Zwitter aus Armut und Überfülle in seiner merkwürdigen Entstehung. Warum sind wir nicht ganz? Warum gibt es den ganzen Menschen nur im mythischen Traum, in einem vor der Geschichte liegenden «Früher»? Der Kugelmensch bei *Platon*, der sich «früher» selbst genügte, Adam im «Garten Eden», der Eva noch in sich trug, bevor sie sich «dann» von ihm trennte zu einem «Gegenüber» – wäre das nicht eigentlich das eine Abbild des einen Gottes gewesen? Die Trennung der Kugel aber, die die Griechen als Unglück empfinden, wird in der Genesis als Glück gezeichnet: *Zwei* Menschen erhalten das Ebenbild des Einen aufgeprägt, zwei sollen fruchtbar sein, zwei sollen herrschen – Gaben, die aus der Doppel-Ebenbildlichkeit folgen. Genau gelesen ist der Mensch *in* seinem jeweiligen Geschlecht das Abbild des Einen. Anders gewendet: Die Genesis zeichnet Mann und Frau, gerade weil sie zwei sind, als von Gott kommend, mit seiner Verwandtschaft geschmückt, als Doppelansicht des Unsichtbaren.

Bedenkt man diese biblische Vorgabe, so findet sich darin sowohl über den Menschen wie über Gott (die Umkehrung ist ja gerade möglich!) etwas Eigenartiges und nicht leicht Darstellbares. Offenbar deuten die zwei sich nacheinander sehnenden, miteinander zu Leben und Herrschaft eingesetzten Menschen auf die Tatsache hin, daß kein einzelnes Individuum, sei es männlich oder weiblich, für sich allein zur Vollkommenheit gelangen kann. Erst aneinander werden sie ganz, und Ganzheit meint hier Geist, Seele, Leib – die leibliche Vereinigung ist das Siegel dieser umfassenden Ganzheit, wie die Genesis (2,24) im zweiten Bericht fortfährt: «...und sie wurden ein Fleisch.» Jesus erinnert an diese leibhafte Gemeinschaft und ihre Unauflöslichkeit – weil Ganzheit – mit denselben Worten (Mt 19,3).

Der tiefste anthropologische wie theologische Gedanke, immer noch dem Schöpfungsbericht verdankt, ist wohl jener, daß die menschliche Liebesgemeinschaft von Mann und Frau eine Ahnung von der Liebesgemeinschaft in Gott selbst verleiht – ja, daß sich gerade an der Geschlechtlichkeit des Menschen, so geheimnisvoll sie für sich selbst schon ist, das eigentliche Geheimnis, nämlich das unerhörte, unvorstellbare schöpferische Füreinander und Ineinander des göttlichen Lebens ausdrückt. Dieser Gedanke ist in der Enzyklika *Mulieris dignitatem* vorrangig betont worden: «Diese ‹Einheit der zwei›... weist darauf hin, daß zur Erschaffung des Menschen auch eine gewisse Ähnlichkeit mit der göttlichen Gemeinschaft (*communio*) gehört.»[4]

Anders: Die Geschlechtlichkeit von Mann und Frau läßt bereits die Wahrheit anschaulich werden, daß Gott in sich selbst Liebe ist (1 Jo 4,16). Schon von der zweifachen Gestalt des Menschen her wäre klar, daß Gott nicht monolithisch, selbstgenügsam, schweigsam, verschlossen ist, vielmehr Hingabe, Gespräch, Beziehung – eben Liebe. Menschliche geschlechtliche Gemeinschaft als Abglanz der göttlichen Gemeinschaft – damit wäre der griechischen Trauer über die Zweiheit des Menschen eine unglaubliche Antwort gegeben: statt Trauer die Seligkeit, kraft der Trennung in Geschlechter Gottes innere Dynamik abzubilden. «Die eigenartige, anscheinend in bestimmten Entwicklungen zwangsläufige Vermischung von Religion und Sexualität hat vermutlich etwas zu tun mit der *wirklichen* Symbolhaftigkeit des Geschlechtes in bezug auf das Göttliche. Weil echter Symbolcharakter da ist, echte Analogie, ist eben auch verkehrte, unreine Verwechslung und Vermischung möglich.»[5]

Und wie die menschliche Zweiheit auf Gottes Leben zurückweist, auf sein inneres «Spiel» von Geben und Empfangen, Reichtum und Armut, Bedürfen und Stillen, Lieben und Sich-lieben-Lassen, so gilt im vielfältigen Netz der Bezüge wiederum umgekehrt, daß Gottes Einssein auch unsere Zweiheit zu Einem fügt. *Hildegard von Bingen* (1098–1179) nennt Mann und Frau «ein Werk durch den anderen», das in Wirklichkeit ein einziges gemeinsames Werk vorstelle.[6] Ob man sich also dem Menschen oder Gott von der Vielfalt oder der Einheit her annähert: immer wird die lebendige Spannung in dem Einen oder die Einheit, alle Spannung unterfangend, sichtbar. Und dies nicht als Schreibtischgedanke, sondern als höchste Anstrengung einer jüdisch-christlichen Fassung von Geschlechtlichkeit.

Daß die Liebe die unterschiedenen Personen als Einheit erweist (nicht eins *macht*, sondern zeigt, daß sie eins *sind*) – dies ist der erregende Boden, auf dem gemeinsam Theologie und Anthropologie gründen. Dieser Boden ist um so kostbarer, als er in der langen Geschichte christlichen Denkens nicht immer, sogar eher selten mit Klarheit gesehen wurde und das alltägliche Leben der Geschlechter trug. Diese Wahrheit ist wenig lebensbestimmend: Wie tief in Ihm der Ursprung *alles* Lebendigen, *alles* Menschlichen, des Eros zwischen den Geschlechtern, ja der unbeschreiblichen Freude der Mutterschaft und Vaterschaft zu verehren ist. Deswegen ja auch die Fassung der Ehe als Sakrament: Gott als Weg von mir zu dir. Geschlechtlichkeit als Fenster und Durchsicht auf seine Gegenwart. Das letzte Konzil hat dankenswert die verschiedenen Ehezwecke umgestellt und die gegenseitige Liebe in die erste Bedeutung gehoben. Nach wie vor freilich ermangeln Alltag wie Lehre einer christlichen Erotik, die auf der Genesis (und der paulinischen und johanneischen Theologie) gründet, nicht modisch erfunden werden will, sondern als Schatz aus dem Acker gehoben gehört. Und wenn sich die christliche Erotik auf Gott selbst beruft, was würde dies für das ungewiß ferne Gottesbild bedeuten?

Die Nichtidentität des Geschlechtes

Aber warum ist die einleuchtende Wahrheit von dem Einen in den zweien vernachlässigt worden? Warum doch die evangelischen Räte? Hier rührt man an den *nervus rerum*. Und der wird zur eigentlichen Entzweiung in der Theorie über Mensch und Welt führen. Zunächst sei ein Bild aufgerufen: Unmittelbar nach der paradiesischen Grundausstattung setzt die Genesis einen Fluch. Er verändert, trübt die Ausstattung; genauer: er bestätigt die Veränderung, welche die beiden ersten Menschen vorgenommen hatten. Durch die Existenz von Mann wie Frau laufen somit Riß und Fragezeichen, übrigens auch geschlechtsspezifisch. Denn der Fluch unterscheidet die beiden bezeichnend in Lasten und Schmerzen, während der Segen nicht unterschieden hatte. So sind nicht nur das gemeinsame Ergehen in einem Garten, nicht nur Fenster und Durchsicht auf Ihn verschwunden, auch das gegenseitige Verhältnis der beiden ist verstört – verstört bis zur Möglichkeit des Tierischen. Der wunderbar bildlich denkende *Ephräm der Syrer* (306–373) meinte, das Paradies als Wohnort Adams habe anders gelegen als der Wohnort der Tiere, in einer weiter entfernten Gegend (*regio longinqua*), ja, es sei geheiligt durch den Abstand. Der Sündenfall jedoch stieß Adam «von seiner königlichen Wohnung fort zum Wohnort der Tiere. Weil er sich durch ein Tier verführen ließ, machte (Gott) ihn den Tieren gleich.»[7] Weniger bildlich gesagt: Die uns gewohnte Welt ist höchst fragwürdig dem Animalischen nahe. Das sogenannte «Natürliche» ist brüchig, unedel, von einem eigenartigen Makel durchsetzt – Makulatur. Das immer neue Ärgernis, jedem Menschen ärgerlich neu zum Anstoß, lautet: daß das Ganze unseres Daseins tief irritiert ist. «Nichts ist unnatürlicher als die Natur», um noch einmal *Nietzsche* zu zitieren, der die Wahrheiten des Christentums jagte und dabei verschiedentlich einholte. Davon ist auch das Geschlecht mitbetroffen, verstört, gerade sofern der Leib dieses zweideutige Leben trägt. Statt Ehe Paarung, statt der Ewigkeit des fraglosen Gehörens die bange Frage: noch oder schon nicht mehr oder noch nie: mein? Und wo der andere nicht mein ist, es nicht sein will, bin ich dann mein – oder auf meinen Unterleib verkürzt, vielleicht noch auf meine seelischen Halte- und Tragekräfte, auf «Brauchbares», das sich aber auch an anderen findet? Du und kein anderer sollst mein Du sein – darin liegt Seligkeit; ... und viele andere sind auch noch mein Du – darin liegt die Bitterkeit des Geschlechts. Neben der Lust der Engel die Lust der Tiere, wie *Thomas* formulierte.

Noch einmal: Haben Geschlechtlichkeit und evangelische Räte miteinander zu tun?

«Ja und Nein zusammen ist eine schlechte Theologie», räsonniert *König Lear* bei *Shakespeare*. Und tatsächlich ist Gott nicht Ja und Nein, vielmehr das pure Ja, wie *Paulus* (1 Kor) betont. Aber: Ja und Nein zusammen ist eine gute Anthropologie. Beide zusammen geben die stimmige, spannungsvolle Sicht auf den Menschen, die nicht ein harmonisches, sondern ein ausgerenktes Wesen zum Gegenstand hat, ein exzentrisches und ekstatisches, das mehr möchte als es kann. Heilmittel dafür wäre, eine Mitte für das Ausgerenkte zu finden. Die Mitte liegt aber nicht in uns. Wir sind nicht als Autisten, sondern als Liebende geschaffen: Unsere Mitte liegt in einem Du und kehrt von dort zum Ich zurück. So sind wir dem Du auch überantwortet, im Heilen wie im Verwunden. «Gleichwie im Wasser sich das Antlitz spiegelt, so auch ein Menschenherz in dem des andern.»[8] Noch einmal: Die Bindung der zwei ist das schönste Symbol für das Göttliche und wird – natürlich – am scheußlichsten mißbraucht. *Corruptio optimi pessima.* Vielleicht laufen in jeder geschlechtlichen Bindung das Göttliche und sein Mißbrauch mit: ein Spiegelbild und seine Umkehrung. Das Paradies ist nicht dasselbe wie das Paradies der Lüste von *Hieronymus Bosch*; und doch reizt das zweite nur als Folie des ersten: Die Unzucht reizt nur als Folie der Liebe.

Auch dem, der in geschlechtlicher Bindung lebt, wird auf die Länge des Lebens ein Sich-Verlassen abgefordert. Sich verlassen heißt trauen und von sich weggehen. Was tun, wenn das nahe Du schuldhaft wird, wenn man dadurch von sich weggerissen wird, umgestülpt wie ein Handschuh? Aber nicht nur in der Schuld kommt man sich abhanden, in anderer Weise auch grundsätzlich, eben weil der eigene Schwerpunkt an den anderen abgegeben ist. Ehe ist eine unpathetische Lehrstätte, aber durchaus mit einem gewissen Pathos, sprich Leiden ausgestattet. Wenn die Beziehung durchgehalten wird, wird man arm, gehorsam, fügsam (1 Kor 7,4). «Jungfräulichkeit steht am Ende eines Lebens, nicht am Anfang», nach der Einsicht *Romano Guardinis*. Dann nämlich, wenn die exzentrische Gesamtgestalt des Lebens in ihr Zentrum einrückt. Deutlicher ausgedrückt: dann, wenn die Liebe bei ihrem wirklichen Gegenüber ankommt. Deswegen macht die große Liebe immer keusch, deckt immer der Sünden Menge zu. Geschweige daß man in der Ehe die Keuschheit einbüßt –

man gewinnt sie vielleicht zum ersten Mal, nicht nur durch äußerliche Monogamie, sondern durch die Bindung des Herzens, das nötige Sich-Verlassen.

So scheint es doch, je tiefer man auf den Grund der Dinge kommt, daß die evangelischen Räte Armut, Keuschheit, Gehorsam zur Struktur der Liebe selbst gehören. Daß die Liebe zu einer Person und die Liebe zu Gott demselben Alphabet entsprechen. In dem nahen Du scheint das noch nähere/fernere auf. Immer wird man sich selbst abgefordert und zugleich seiner Exzentrizität enthoben. Und nichts garantiert, in beiden Fällen, daß man automatisch von sich selbst gelöst wird, automatisch im Zentrum ankommt. Von sich loskommen und doch in die Mitte einrücken – diese schwierige Doppelaufgabe macht eine gelungene Bindung so kostbar und eine mißlungene so tragisch, ob es nun die Bindung an einen Menschen oder an Gott war. «Du sollst Ehrfurcht haben vor der ehelichen Verbindung; wo du Gatten siehst, die sich lieben, sollst du dich darüber freuen und teil daran nehmen wie an dem Glück eines heitern Tages. Sollte sich irgend an ihrem Verhältnis etwas trüben, so sollst du suchen, es aufzuklären: du sollst suchen, sie zu begütigen, sie zu besänftigen, ihnen ihre wechselseitigen Vorteile deutlich zu machen, und mit schöner Uneigennützigkeit das Wohl der andern fördern, indem du ihnen fühlbar machst, was für ein Glück aus jeder Pflicht und besonders aus dieser entspringt, welche Mann und Weib unauflöslich verbindet.»[9] – «So tausendmal besser Liebesleid ist als unglückliche Ehe, an der überhaupt nur noch Leid ist und fruchtloses, so zerstreut sind die Landabenteuer der Liebe gegen die große Schiffahrt, die Ehe sein kann, und die mit dem Alter nicht aufhört, nicht einmal mit dem einseitigen Tod.»[10]

Wir warten auf die Ehelosen um des Himmelreiches willen, die die Erfahrung ihrer Reise ähnlich gedrängt formulieren.

«Schafft alle Dinge weg, damit ich sehe.» Unverzichtbar, aber vorläufig: die Gottesbilder

«Das Unberührbare wird unberührbar berührt.»

Nikolaus von Cues

Paul Valéry, dem sich die Überschrift verdankt, zeichnet das scharfe Problem, das sich jeder Wahrnehmung stellt: Zuviel einzelnes verdeckt das Ganze, Große. Besonders hart auszuhalten ist diese Wahrheit im Bereich des Religiösen. Wir brauchen Bilder – gerade weil wir Ihn nicht sehen; gleichzeitig verstellen sie den Blick – das Bild schiebt sich vor das Urbild. So gibt es genug Exzentriker, die dieses schwierige Auswägen der beiden Seiten sprengen, die Spannung des Verhältnisses kappen: Die Götzendiener machen Gott mit dem Bild eins, verehren ihn in Holz und Stein, Blitz und Donner; die Bilderstürmer entzweien Gott und das Bild, zerschlagen die Schöpfung um seinetwillen. Jede entwickelte Religion, *a fortiori* das Judentum und das Christentum, hält dagegen die Spannung von Bild und bildlosem Ursprung gegenwärtig. Sie übt ihre Gläubigen in den Liturgien, auf der Leiter der Zeichen und Bilder nach oben zu steigen und die Leiter, bei Ihm angekommen, umfallen zu lassen.

Was sich aber gedanklich so klar auseinanderlegt, kann im lebendigen Vollzug religiöser Kulturen – Völker oder einzelner Personen – erregend unterschiedlich glücken oder mißlingen, es kann den Weg zu Gott versperren oder beflügeln. Nicht *daß* es die Spannung vom Bild zum Bildlosen gibt, unterscheidet die Religionen – hier stimmen sie ab einem bestimmten Reifungsgrad, in gemeinsamer Weisheit überein –, sondern *wie* die Spannung gestaltet wird, kultisch von der Gruppe, künstlerisch von der Gesamtkultur, lebensmäßig auch vom einzelnen, ist entscheidend. Wie sieht der wirklich lebendige Weg vom Abbild zum Urbild aus, den Gott führt und der er ja selbst ist? Wovon geht der Weg aus, der von der Weisung zum Weiselosen führt, wie *Meister Eckhart* es nennt, welche Stationen begegnen auf ihm (die überraschenden und nicht voraussehbaren müssen freilich offenbleiben), wohin mündet der Weg? Welche Bilder helfen, welche bringen ein Vergessen der Aufgabe, entzweien durch ihre Doppeldeutigkeit, welche töten? Und wie bleiben die Bilder wirklich Bilder, nämlich Fenster und Durchsicht, und werden nicht scheinlebendiger Eigensinn? Jede mittelalterliche Aventure, die Urform der Wegsuche also, kannte ihren Zauberwald, in dem der morgenfrische Ausritt in die Schwüle gerät, Einbildungen (*imaginationes*) lebendige Gefahr werden – und die gefährlichste Gefahr jene, welche zum verfrühten Bleiben lockt. Das Ziel, das herrlich anziehend jenseits des Waldes wartet, bietet sich unverhofft mitten darin, in voller Schöne, runder Vollkommenheit – es sei denn, daß etwas Winziges fehlte: der Name nicht erfragt werden darf, kein Schatten der Gestalt folgt, das holde Wesen wenige Stunden am Tag oder in der Nacht nicht zur Verfügung steht. Aber wen das nicht stört – der ist dem Zauberbild verfallen, der Weg ist zu Ende, hat sich in sich selbst verschlungen und den Wanderer mit. Solche Trugbilder, auch des Heiligen und gerade des Heiligen, gibt es: Hinderung, Verwechslung und Betörung, was dasselbe ist. Wie die wirklichen Zeichen des Geistes von den Nachahmungen unterscheiden? «Denn mein Volk tut eine zweifache Sünde: Mich, die lebendige Quelle, verlassen sie und machen sich hier und da ausgehauene Brunnen, die doch löchrig sind und kein Wasser geben.» (Jer 2,13)

Erste Wegmarke: Verbot des Gottesbildes im Alten Bund und die darin enthaltene Überraschung

Israel hat – altbekannt – mehrfach in strenger Form Kultbilder von Jahwe verboten. Weit weniger bekannt ist, daß diese Verneinung nicht einfach in sich selbst ruht, sondern auf die Bejahung eines Bildes zielt, dessen Gegenstand und Charakter mit dem Bildverbot unmittelbar zusammenhängen.

Um diesen Doppelsinn einer großen religiösen Erkenntnis zu konturieren, zunächst die eigentliche Begründung des Bilderverbotes.[1] Offenbar gibt es in der Zeit vor dem Königtum, im Buch Richter nämlich, deutliche Hinweise darauf, daß z. B. *Gideon* einen *Ephod*, nämlich einen Mantel oder Umhang für ein Bild Jahwes, machen ließ (Ri 17). In den Jakob-Erzählungen der Genesis erscheinen Statuen mit Namen *Teraphim*: vermutlich Bilder «vom Gott des Vaters», dem Schützer der Patriarchengruppe (Gen 31,19.34 f.). Solche Bilder dienen freilich nur der privaten Verehrung, keineswegs als Kultbilder für den Gottesdienst – eben letzteres wird sogar mit Flüchen untersagt. Der älteste Text eines vollständigen Bilderverbotes stammt aus Deut 27,11–26 und wurde als Folge von Flüchen «wahrscheinlich auf dem Höhepunkt eines Pilgerfestes vor der Gemeinde verkündet»[2] – Ziel war die Bildlosigkeit des gemeinsamen Heiligtums. Ein späterer Text, das zweite Gebot des *Moses*, verbietet die Idole (Ex 20,4), also fremde oder schon besetzte Götterbilder, selbst wenn sie nun Jahwe zugeordnet werden sollten. Die Frage nach dem Grund dieser strengen Lehre findet zwei Antworten: Die flachere Antwort wäre, daß Jahwe nicht mit den Göttern anderer Kulte, etwa Ägyptens und seiner Tierformen, vermischt werden sollte; die tiefergehende und entscheidende Antwort wäre, daß Jahwe in einem Bild nicht aufging, keineswegs auch einfach magisch von seinem Volk «gehandhabt» werden durfte, sich ihm vielmehr unsichtbar offenbarte und entzog, beides aufgrund derselben Machtfülle. «Der Herr sprach zu euch mitten aus dem Feuer. Ihr hörtet den Donner der Worte. Eine Gestalt habt ihr nicht gesehen. Ihr habt nur den Donner gehört.» (Deut 4,12) – so begründet Israel die Unmöglichkeit, diesen einzigen Herrn abzubilden, da doch sogar seine Erscheinung auf dem Sinai gestaltlos blieb. Immer neue Worte finden die Schreiber, Priester oder Propheten, für die Erkenntnis, daß Gott nicht in den Naturabläufen – sei es Frühlingsregen oder Herbsternte –, aber auch nicht in den ihm gebauten Tempeln «festzumachen» ist, sondern daß er kommt und geht, ja daß der Vorübergang, *pessach*, sein Kommen ist – und auch hierin bleibt sein Antlitz zu groß für die Fassungskraft. «Mein Angesicht kannst du nicht sehen; denn kein Mensch wird leben, der mich sieht.« (Ex 33,20) «Der Himmel ist mein Stuhl und die Erde meiner Füße Schemel. Was wollt ihr mir denn für ein Haus bauen? spricht der Herr, oder welches ist die Stätte meiner Ruhe? Hat nicht meine Hand das alles gemacht?» (Jes 66,1.2) «Fürwahr, du bist ein verborgener Gott, du Gott Israels, der Heiland.» (Jes 45,16) «Bin ich nur ein Gott, der nahe ist, spricht der Herr, und nicht auch ein Gott von ferne her?» (Jer 23,23) Der Exodus-Erzähler spricht nach den zehn Geboten des *Moses* von Gott, der «in dichter Finsternis» wohnt (Ex 20,21). Gerade darin erscheint die reine Huld, daß der Unzugängliche von sich aus und immer wieder zu Israel geht.

Wenn aber das alte Bundesvolk die Souveränität seines Gottes ehrt, so tut es dies in einem Umfeld gänzlich anderen religiösen Brauchtums. Es gibt eine hervorragende Stelle im Alten Testament, wo dieses heidnische Brauchtum aufgegriffen, herausgefordert und umgeschrieben wird – in einem damals wie heute beispiellosen religiösen Erkenntnissprung. Diese hervorragende Stelle ist der programmatische erste Schöpfungsbericht, fast am Anfang der Bibel (Gen 1,

26–28), auf den sechsten Tag bezogen: «Laßt uns den Menschen machen als unser Bild und Gleichnis.» Es ist gezeigt worden[3], daß der hier gebrauchte hebräische Ausdruck für ‹Bild›, *Salmu,* in sumerischen und babylonischen Texten in großer Bedeutungsstabilität für das kultische Abbild des Gottes stand. Eine solche Kultstatue thronte in einer Nische des abgegrenzten Innenraumes der sumerischen Tempel: Dieser Gott *wohnte* nun wirklich dort, die Statue war mit seiner magischen Gegenwart aufgeladen, war eins mit ihm. Der Innenraum war unzugänglich, doch konnte man wohl durch eine Reihe von Türöffnungen das *Numen* aus der Ferne sehen. Nun gab es eine Ausnahme: das jährliche Fest von Akitu, bei dem der König Babylons den Gott – der je länger je mehr nur noch den Namen Marduk trug – «bei der Hand ergriff», ihn durch Babylon führte und ihn in einem anderen Haus dem liturgischen Zweikampf mit Tiamat aussetzte – Marduk, das Leben, kämpfte mit Chaos und Tod. Sein ritueller Sieg brachte dem neuen Jahr Segen und Fruchtbarkeit. Dieser hochbedeutende, in seiner Gestaltung eindrucksvolle und heilversprechende Kult fand natürlich unter größter Beteiligung auch statt, als Israel im babylonischen Exil weilte, der Zeit seiner größten Hoffnungslosigkeit und einer voraussehbaren Auflösung in der umgebenden Hochkultur. Eben zu dieser Zeit verfaßt eine Priestergruppe den Schöpfungstext, und sie verfaßt ihn als Antwort und Provokation auf den Marduk-Kult, als liturgische «pièce de résistance»[4] also! Diese Theologengruppe verwendet das eindeutig besetzte Wort *salmu* und schreibt es nun dem Menschen zu. Er ist das Bild des Gottes! Dieser religiös ungeheuerliche Schritt geschieht noch dazu vor dem Hintergrund des Bilderverbots. Man nutzt also die Verneinung – wie gesagt – zu einer Bejahung: keine Bilder Jahwes außer dem von ihm selbst geschaffenen – dem Menschen. Israels religiöser Sprung, begrifflicher ausgedrückt, lautet: es gibt keine anthropomorphe Theologie, sondern eine theomorphe Anthropologie[5]. Über diese Umwertung eines Götzenkultes läßt sich lange nachdenken; sie enthält in einer Nußschale die ganze Größe der Offenbarung, die ganze Größe auch jenes Volkes und seiner Theologen, die die Offenbarung zu fassen suchten. Es sei schon angemerkt, daß in dieser kühnen und einzigartigen Durchsicht des Menschen auf Gott selbst (in Mann *und Frau*) auch die Gestalt Jesu, als die Sichtbarkeit Gottes, schon denkbar wird und das Alte und Neue Testament hierin keineswegs gegenläufig sind. Das Bilderverbot des Unzugänglichen ist also nur die eine Seite des Alten Testaments, seine andere Seite – weit weniger bewußt – ist die offenbar gewordene Bildfreude Gottes, der Mensch.

Augustinus hat in diese Richtung gedacht: «In jener Sendung Seines Knechtes Moses sagte Er: ‹Ich bin, der Ich bin›, und: ‹Sage den Söhnen Israels: Der *ist*, sendet mich zu euch.› Weil eben dieses eigentliche Sein für den menschlichen Geist schwer zu fassen ist und er (Moses) als Mensch zu Menschen gesandt wurde, wenngleich nicht von einem Menschen, ...fügte er gleich hinzu: ‹Sag den Söhnen Israels: der Gott Abrahams, der Gott Isaaks und der Gott Jakobs hat mich gesandt zu euch: das ist mein Name in Ewigkeit... Was ich sprach: Ich bin, der Ich bin, das ist wahr, aber du fassest es nicht. Was ich aber sprach: Ich bin der Gott Abrahams und der Gott Isaaks und der Gott Jakobs, dies ist sowohl wahr als auch für dich faßlich... Dies nämlich: Ich bin der Ich bin, das gehört zu mir; dies aber: Gott Abrahams und Gott Jakobs, das gehört zu dir.»[6]

Zweite Wegmarke: «Wer mich sieht, sieht den Vater.» (Jo 14,9) Christus als Ikone Gottes

Christus selbst ist nach den Zeugnissen der Evangelisten die reine Einlösung des Schöpfungsberichtes, das wahre Bild des unsichtbaren Ursprungs. *Ephräm der Syrer* faßt es in Worte, die eine lange Diskussion aufhellen: «Selig, der vergehen ließ die Bilder aus Stein durch sein wahres Bild.»[7] Zusammengefaßt und bestätigt ist damit auch die künstlerische Diskussion, ob man Christus überhaupt abbilden dürfe. Schon *Irenäus von Lyon* nannte die Kunst das Abbilden eines Bildes, das Nachschaffen des göttlichen Schaffens – und gerade durch die Fleischwerdung Jesu erlaubt, ja herausgefordert. Übrigens nahm man lange Zeit zwei authentische Porträts Jesu an, genauer: Abdrücke seines Gesichts (wie auf dem Schweißtuch der Veronika): das *Kamulianum* und das *Edessenum*[8], die nach ihren Aufbewahrungsorten in Kappadozien benannt waren. Freilich gingen beide im byzantinischen Bilderstreit von 726 bis 843, dem Ikonoklasmus, verloren. Doch mit dem gewonnenen Verständnis einer erlaubten Abbildung der Ikone Gottes selbst, die Christus war, ist die künstlerische Ausgestaltung nicht nur für «Porträts», sondern vor allem für Symbole offen. Eines der frühesten Bilder Jesu ist der Gute Hirte im Mausoleum der *Galla Placidia* in Ravenna (3. Jh.). Damit ist die Symbolgestalt Jesu als eine inspirierende Möglichkeit der Abbildung gewonnen, und in dieser symbolischen Weite ist sie für die Kunst unerschöpflich geworden.

In der symbolisch-offenen Darstellung des Göttlichen ist bereits die Form gefunden, die lösend zur Formel, dem Bilderdekret des 2. Konzils von Nicäa (786), weitergedacht wird, allen byzantinischen Bilderstreit aufhebend: «Denn die Ehrung, die man einem Bild zukommen läßt, steigt zu seinem Urbild hinauf. Wer ein Bild verehrt, der verehrt die Wirklichkeit, die darauf dargestellt ist.»[9] So ist nun Kunst als «Leiter» verstanden, als Anagogie: ein Hochsteigen zum wirklichen Schauen durch das unwirkliche hindurch, wie es *Dionysius Areopagita* entfaltet: «In diesem Leben aber müssen wir uns geeigneter Symbole zur Erkenntnis des Göttlichen bedienen, nach unseren Möglichkeiten, kraft heiliger Analogien: Wir können uns von diesen Symbolen dann Stufe für Stufe zur einfachen Wahrheit erheben, zur höheren Einheit des geistigen Schauens. Und nach jeder Erkenntnis der göttlichen Dinge, wie sie unserem Fassungsvermögen entsprechen mag, müssen wir unsere Suche nach gedanklichen Auslegungen bezähmen und den Verstand ruhen lassen, sobald uns der Strahl getroffen hat, der von jenseits der geschaffenen Welt kommt.»[10] Die wahre Anagogie überholt ihre eigenen Mittel: Die gemalten oder imaginierten Bilder verblassen, zerspringen, verflüssigen sich. *Teilhard de Chardin* hat in den Jahren des Ersten Weltkriegs vor einer Ikone das glühende Eintauchen in die Augensterne Christi erlebt, wobei das Bild «schmolz» und erst am Ende der Vision in die alltägliche Gefrorenheit zurückfiel. «Über die prächtige Tiefe dieser Augen lief in Irisfarben der Widerschein... all dessen, was bezaubert, all dessen, was lebt... Diese Augen, die zum Beispiel so sanft und zärtlich waren, daß ich glaubte, meine Mutter vor mir zu haben, wurden im Augenblick darauf leidenschaftlich und zwingend wie die einer Frau – so gebieterisch rein zugleich, daß unter ihrer Herrschaft das Empfinden physisch unfähig gewesen wäre, irrezugehen. Und dann erfüllte sie wiederum eine große und männliche Majestät, ähnlich jener, die man in den Augen eines sehr mutigen, sehr feinen oder sehr starken Mannes liest, allerdings unvergleichlich höher und köstlicher zu ertragen. Dieses Funkeln der Schönheiten war so vollständig, so einhüllend, auch so rasch, daß mein in allen seinen Kräften zugleich getroffenes und durchdrungenes Sein bis in das Mark seiner selbst in einer streng einzigen Note des Aufblühens und des Glücks schwang. Doch während ich brennend meinen Blick in die Augensterne Christi tauchte, die zu einem Abgrund faszinierenden und blühenden Lebens geworden waren, da sah ich aus dem Grund eben dieser Augen wie eine Wolke etwas aufsteigen, das die Mannigfaltigkeit verwischte und überschwemmte, die ich Ihnen beschrieben habe... Und ich blieb verwirrt stehen. Denn diesen letzten Ausdruck, der alles beherrscht hatte, alles zusammengefaßt hatte, konnte ich nicht entziffern. Es war mir unmöglich zu sagen, ob er eine unsagbare Agonie oder ein Übermaß triumphierender Freude verriet! – Ich weiß nur: seitdem glaube ich ihn in dem Blick eines sterbenden Soldaten von neuem gesehen zu haben. Augenblicklich verschleierten sich meine Augen durch Tränen. Doch, als ich von neuem hinschauen konnte, hatte das Bild Christi, in der Kirche, seine allzu strenge Kontur und seine starren Züge wieder angenommen.»[11]

Hier war genau jene Transparenz wirklich und wirksam, die dem Bild eignet und die sein «über hinaus» ausmachen. Und an dieser Stelle eine gegen den Strich laufende Überlegung. Offenbar ist das Bild nur in einer magischen Kultur eine Falle, die Falle der Verwechslung mit dem Gemeinten. In der heutigen Kultur aber läßt sich das Bild weit weniger leicht idolisieren als der Gedanke: bleibt es doch offener, unbestimmter. Das Bild enthält eine Dialektik des Ja und

Nein: es meint nicht sich selbst, sondern eine dem Betrachter offene Welt des anderen, Tieferen. Der Gedanke aber fixiert, wenn er, falsch gedacht, seine Falschheit rational absichert – so ist die Versuchung der gegenwärtigen Epoche nicht der Bilderkult, sondern der Götzenkult der Ideologie. Denn sie meidet ein Hochführen und offenes Denken, das von der Wirklichkeit «aufgehalten» wird, strebt vielmehr die Selbstverschließung, Selbstsicherheit des Denkens an. In der Charakterisierung des *Augustinus*: «Geschwätzige Vernünftler, ...die sich von einer unreifen und perversen Liebe zur Vernunft auf falsche Wege leiten lassen.»[12]

Vierte Wegmarke: Gegenwärtige Bilder des mütterlichen Gottes in ihrer lösenden und blockierenden Eignung

Das Gesagte findet seine augenfällige Anwendung in einer seit wenigen Jahren aufsteigenden Bildrede von Gott, die ihren Ursprung teilweise in der Bibel selbst hat: die Bildrede von Gott als Mutter wie Vater. Auch hier gilt, daß wohl weniger die Bilder als die daran geheftete Deutung den Zugang zu ihm lösen oder hindern. Zunächst das Richtige im Vorgang selbst.

Lange Zeit sind die mütterlichen Selbstbezeugungen Gottes in der Bibel überlesen oder unscharf übersetzt worden; heute werden sie im Zuge einer neuen, sich aus vielen Quellen speisenden Aufmerksamkeit auf das Weibliche neu entdeckt. Damit wird das bislang selbstverständliche Gottesbild der jüdisch-christlichen Überlieferung aus dem Selbstverständlichen herausgenommen und nun als unzulänglich erkannt. Die bisherige Lektüre der biblischen Texte zeigte Gott überwiegend, im allgemeinen Bewußtsein sogar fast ausschließlich, in männlichem Bild und männlicher Symbolik. Die Fragwürdigkeit dieses einseitigen Blickes wird heute bewußt; um so heftiger leitet sich eine neue Wahrnehmung ein. Im Zuge des erwachten Interesses regt sich freilich auch noch mehr: Die alten Mutter-Göttinnen werden nun als «Ausweg» aus dem «Vatergott» reanimiert, als (einziges) Mittel weiblicher Identifikation mit dem Göttlichen nacherschaffen. Bis zu dem Maße, daß der Gott der Offenbarung als «hoffnungslos» männlich abgelehnt wird, Jesus als Erlöser für Frauen nicht in Frage kommt. Die weibliche Seele findet – angeblich – sich selbst nur im «großen heiligen Weiblichen», «braucht» die Göttin als Spiegel eigener Kraft, so unscharf diese dann auch bleibt. Bedarf ich als Geschlechtswesen, das ich doch durchgängig bin, nicht tatsächlich der göttlichen Vertreterin des eigenen Geschlechts – und weshalb haben Judentum/Christentum sie verworfen, die alten Göttinnen entmachtet, damit aber die Frauen von Grund auf ihrer Identität beraubt? Diese Fragen werden von einem Teil der feministischen Theologie, auch von der Matriarchatsforschung, mit Leidenschaft gestellt.

Darauf läßt sich zweifach antworten. Zum einen – hier nicht weiter auszuführen[13] – die bewegenden mütterlichen Selbstaussagen Gottes im Alten wie im Neuen Testament und die lange Kette der Auslegung solcher Bilder, etwa in der Frauenmystik des Mittelalters, aber beileibe nicht nur dort. Zum anderen aber die Antwort, daß in der Offenbarung noch eine ganz andere Klärung des Gottesbildes vorgeht. Gerade beim Geist, der ja biblisch nicht in menschlicher Gestalt aufscheint, werden weibliche und männliche Symbole aufgerufen: *ruach* – Wind und Sturm des Geistes, das Wasser der Wiedergeburt aus dem Geist, die Taube als seine *weiblichen*, aber auch Feuer und Flamme als seine *männlichen* Archetypen. Der Pfingsthymnus springt in seiner spannungsreichen Abfolge von Bildern gleichsam mit großer bewußter Bewegung von der einen auf die andere Seite: von der lebendig-mütterlichen Quelle zum Feuer und zum Finger der «väterlichen Rechten» – ein Zeugnis freien Spiels mit den vielfältigen Bildern.

Hieran wird deutlich, wie sehr in der Aussage über Gott einzelnes «überholt» werden muß, um «aufs Ganze zu kommen». Das heißt: Fragen nach dem Väterlichen oder Mütterlichen in Gott sind nur mit Vorsicht zu stellen, weil sie auf eine geschlechtliche Unterscheidung zielen. Grundsätzlich gilt: «Gott ist nicht Mann, Gott ist nicht Frau»[14], er ist auch nicht ein Komplement aus beiden. Vielmehr ist der eigentliche Gottesname, den *Moses* am brennenden Dornbusch erfährt, überhaupt nicht geschlechtlich gefärbt: «Ich bin da, wie ich da sein werde» – nur intensive Gegenwart, Nähe, Zuspruch, Tragen des Daseins.

So hütet sich die Bibel durchwegs, Gott zu sexualisieren. Der Gott Israels enthüllt ja gerade die geschlechtlich gedachten Götter Kanaans als «Projektionen», seien sie baalisch-zeugend oder mütterlich-gebärend. Gott ist von all diesen Einordnungen unsererseits befreit. Er ist Licht, er ist Klarheit, wird der erste Johannesbrief formulieren (ebenso wie wir umgekehrt mehr sind als unser Geschlecht, mehr als biologische Frau und biologischer Mann). So gilt auch nicht Männliches und Weibliches in Gott oder der Göttin, es gilt seine reine Gegenwart und seine reine Verborgenheit. Es bedarf einer Geistliturgie, die ihre eigenen Zeichen übersteigt. Trotzdem wird auch sie Zeichen und Bilder gebrauchen, um zu ihm in Erkenntnis und Verehrung «aufzusteigen» – eben jene Leiter, die umfallen darf, wenn man oben angekommen ist. Selten genug kommt man freilich in der langen Mühe der Gottsuche oben an, im Bereich des Bildfreien, des wirklich lebendigen Lebens, das sich nicht mehr übersetzen muß. Und so greift die «Übersetzung» zu den erregendsten Wahrheiten menschlichen Daseins, zur Geschlechterspannung und zu Vater- und Mutterschaft, um den Unsagbaren doch zu sagen. Aber dies muß als *Bild* eingesehen und offengehalten werden, nicht als letztmögliche Festlegung. Wenn heute die lange verschollene Mütterlichkeit Gottes biblisch wiederentdeckt wird, so hat das weder mit einem Rückfall in Magisch-Unbewußtes zu tun noch mit einer Kampfansage an das Väterliche in Gott noch mit einer gefühlsmäßigen oder rationalen Betonung seiner «anderen» Seite. Sollte dies so sein, dann geht die Entdeckung über einen psychischen Nachholbedarf nicht hinaus. Vielmehr stehen die Bezeugungen der Mütterlichkeit Gottes unter dem Anspruch und dem Ernst, den die Offenbarung immer hat. Läuft sie doch – wie immer und wie auch im Vaterbild – quer zu den natürlichen, biographischen Erfahrungen, psychischen Spiegelungen, Selbstbestätigungen.

Gott, die Mutter, fällt uns nicht leichter als Gott, der Vater. Gott, die Mutter, ist nämlich noch einmal meilenweit, um die ganze Tiefe der Offenbarung, entfernt von der Muttergöttin, der sexuell und mit Fruchtbarkeit besetzten, dem bloßen Symbol des Uterus. Wo der mütterliche Gott auf die heilige Kuh Ägyptens, die Schlangengöttin und die Mondfrau Mesopotamiens zurückgeschrieben wird, wird er zur anonym-gesichtslosen Vervielfältigung, zum Naturtrieb, zur numinosen Gattung. Und die ist er nicht, weil das Mütterliche und Väterliche in der Offenbarung nicht mehr den animalischen Trieb des Lebens, sondern das verantwortliche, personale Leben bezeugen, das Liebe, Treue, Halten meint, ein geistiges Gesicht im Mütterlichen selbst aufzeigt. Statt dessen sind die unpersonalen Göttinnen der Heiden «dem dumpfen Vegetations- und Fruchtbarkeitszauber entsprungen und im bewußtlosen, völlig unpersönlichen, entpersönlichten Untertauchen im Orgiastischen *nur* den Rückanschluß an das unbegrenzte Fruchtbarkeitsweben der Natur suchend».[15] In solchen ambivalenten, helldunklen Göttinnen, wie sie jetzt wieder «in Mode» kommen, liegen aber Blockierungen. Sie melden sich dann, wenn die bereits erfaßten Konturen Gottes mit Absicht beschnitten, eine Qualität gegen eine andere ausgespielt wird, ein Bild das andere zweckhaft ersetzt, die «Mutter» gegen den «Vater» antritt. Überhaupt liegt die große Blockade gegenüber der Wahrheit da vor, wo zweckhaft, verkleinernd, ideologisch argumentiert wird. Das Gottesbild läßt sich nicht zum Kampf nutzen; in der Nutzung liegt immer schon Teilung, Blickwinkel (und zwar der krumme Blick), Interesse, mein Interesse. Dann wird meine Theologie Kampfmittel, Selbstzweck, im wörtlichen Sinn Projektion: Selbstbespiegelung. Gerade auch die so frei und vielfältig aufsteigenden biblischen Bilder sind in ihrer Gänze und in allen angelegten Einfaltungen ausgefaltet zuzulassen, nicht nur unter dem Gesichtspunkt des Modischen und mir gegenwärtig Dienlichen. Sonst wären die Bilder unter das Maß der Brauchbarkeit für uns gerückt: klein wie wir selbst und Götzen im alten Sinn, nach unserem Bild und Gleichnis geschnitzt. In der Charakterisierung *Guardinis*: «Wer ehrlich in sich selbst, in die Menschen um ihn her und in die Geschichte blickt, nimmt wahr, daß der Eigenwille des Menschen, die beirrenden und niederziehenden Kräfte seines Innern, Unwahrhaftigkeit und Gewaltsamkeit nirgends so verhängnisvoll am Werke sind wie in jenem Zusammenhang, den man gemeinhin ‹religiöse Erfahrung› und ‹religiöses Leben› nennt. Gewiß geht es darum letztlich um Gott; Sein Bild und Seine Forderung werden aber vom Menschen in den Dienst seines Eigenwillens gestellt. Was Kundwerdung des Göttlichen scheint, ist im letzten oft nur eine Weise, wie der Mensch sich selbst bestätigt; was Gestalt des Göttlichen zu sein beansprucht, oft nur die Übersetzung des eigenen Wesens ins Absolute.»[16]

Fünfte Wegmarke: Die Erfüllung der Bilder in ihrer Durchkreuzung

Der letzte und schöne Grund, die Idole aufzugeben, liegt in Gott selbst: in seiner ungemeinen Anziehung über die Bilder, sogar über die von ihm selbst gewählten Bilder hinweg. Die wahre Theologie hat dies immer als ihre Grenze, als ihre eigene Vorläufigkeit erfahren – über welche die Mystik hinausspringt. Wohin? In die lebendige Einsicht, daß die Wege des Bildes und die Wege des Verstandes enden – und daß Er noch einmal anders ist. Theologie und ihre eigene Bescheidung gehören von der Sache her zusammen – *Thomas von Aquin* und seine letzten gemurmelten Worte vom eigenen theologischen Stroh sind weniger Demut als vielmehr vom Tod hervorgeholte, brennende Einsicht.

Diese Einsicht bedrängt auch die ersten Väter. Der Grieche *Johannes Chrysostomus* hielt eine Predigtreihe «Über die Unbegreiflichkeit Gottes». *Cyrill,* Bischof von Jerusalem, schreibt an die Taufbewerber: «Wenn es um Gott geht, ist das Eingeständnis der Unwissenheit eine große Wissenschaft.»[17] *Augustinus,* großartig lakonisch: «Wenn du verstehst, dann ist es nicht Gott.»[18] «Wer meint, es könne dem Menschen, der noch dieses sterbliche Leben führt, begegnen, daß er ... die strahlende Heiterkeit des Lichtes der unwandelbaren Wahrheit erreichte und mit einem Geist, der Gewöhnung dieses Lebens völlig entfremdet, ihr beständig und unbeugsam anhangen – der hat nicht verstanden, was er sucht, noch wer (er ist, der) sucht.»[19] «Wenn du hinzuzutreten beginnst als Ähnlicher und anhebst, Gott durchzuspüren – im Maße, wie in dir die Liebe wächst, weil auch die Liebe Gott ist, spürst du etwas, was du sagtest und nicht sagtest ... Ehe du nämlich spürtest, meintest du Gott zu sagen: du beginnst zu spüren, und hier spürst du, wie nicht gesagt werden kann, was du spürst.»[20]

«Das Göttliche nicht nur erlernend, sondern erleidend»[21], so *Dionysius Areopagita*, der Mystiker unter den Theologen des frühen Mittelalters – womit er die unkontrollierbare Wucht wirklicher Erfahrung des Göttlichen bezeugt. Und von dorther bezieht Theologie ihren Maßstab, an dem sie sich selbst zu messen hat und wo ihr die Vermessenheit vergeht.

Wie die Begriffe schwinden, schwinden gleichermaßen die Bilder – und das ist nicht Verlust, es ist Reinigung, Gewinn, endliches Ankommen. Auch die protestantische Mystik weiß es in lösender Sicherheit.

«Ach wär mein Geist so rein, so bilderlos und still,
Gleich wie ein weißes Blatt, worauf man schreiben will,
Bald würde Gottes Sohn durch seines Lichtes Strahlen
Sein wunderschönes Bild in meinem Grunde malen.»

Gerhard Tersteegen (1697–1769)

«Müder Geist, nun kehr zur Ruh
Und vergiß der Bilder alle,
Schließ die Augen sachte zu,
Was nicht Gott ist, dir entfalle;
Schweig dem Herrn und halt ihm still,
Daß er wirke, was er will!

Still, geschäftiger Verstand,
Ruht, ihr ausgeschweiften Sinnen!
Soll mir Wahrheit sein bekannt,
Muß der Bilder Schwarm zerrinnen;
Soll Gott wirken frei und rein,
Muß mein Eignes stille sein.

…
Hab du freie Hand in mir,
Wollest deinen Ton bereiten,
Meine Kräfte seien dir
Leere, stille Fähigkeiten!
Du magst sie nach deinem Will'n
Selbst bewegen, selbst erfüll'n.»

Paul Gerhardt (1607–1676)

Um mit einer zeitgenössischen Stimme – einer Frau – zu enden, ein Hinweis auf ein wenig aufgegriffenes Werk von *Edith Stein* (1891–1942). Ihre unvollendete *Kreuzeswissenschaft*, über deren Abfassung sie im August 1942 verhaftet wird, behandelt eine tiefe und schon alte, aber selten zu voller Klarheit entfaltete Frage: nämlich die *Zerschlagung der Gottesbilder durch Gott selbst*. Vom äußeren Anlaß her gesehen ist die Arbeit zum 400. Geburtstag des *Johannes vom Kreuz* (1542–1591) verfaßt. Es kann in der jetzigen Knappheit nicht dargelegt werden, welche Gedanken im einzelnen von *Edith Stein* oder von *Johannes vom Kreuz* stammen; in der Regel folgt sie seinen Vorgaben, gliedert und kommentiert. Beide zeichnen einen Weg der gläubigen Wanderung, die unter der Hand zum Wandeln im Doppelsinn wird: zum Weitergehen und zum Sich-Wandeln. Dabei ist es die Anziehung Gottes selbst, die das Dasein in Bewegung setzt, eine Entwicklung antreibt. Die Gesetzmäßigkeit des Weges kennt lauter Herausforderungen – im Grunde *die* Aventure, wenn das Wort nicht romantisch genommen wird. Zunächst gilt ohne Zweifel eine gewisse zarte Berührung durch das Göttliche, ein Ansprechen des Gefühls, eine Empfänglichkeit, die zu wenigen, aber tiefen Erinnerungen wohl eines jeden von uns gehören. Niemand würde wohl sein Leben auf Gott setzen ohne eine solche Berührung (die gerade in der Kindheit sehr dicht sein kann). In einem späteren Zustand allerdings verliert sich diese warme Nähe oder kehrt nur ausnahmsweise zurück. *Edith Stein* nennt dies etwas sehr Normales: eine *Nacht der Sinne* – als alltägliche Erfahrung, daß der Weg von mir zu Ihm sich verstellt. Das bedeutet beispielsweise den Verlust des «Geschmackes» an Gott, der Bilder, auch der religiösen Bilder, ja gerade dieser! Ausgetrocknet wird die religiöse Sinnlichkeit, Grund und Heimat aller religiösen Anlage, des Schatzes an Innerlichkeit. Nicht deswegen ausgetrocknet, weil er an sich schlecht wäre, sondern weil Größeres zu gewinnen ist: Leere, Freiheit, Ruhe. In der zweiten Nacht, der *Nacht des Geistes*, verflüchtigen sich auch die theologischen Begriffe: Das Geschäft der Theologie endet, gerade weil es immer noch ein Weg ist, im «weglosen Land». Wieder ist die Hilfestellung des Denkens nicht falsch, sie ist nur unzureichend – und an ihrer Stelle keimt Neues, aber kein gewußter Gegenstand mehr, sondern Haltungen, eine offene Spannung auf den Geheimnisvollen hin. Schließlich, unheidnisch, unmagisch, auch im Christentum selbst nicht häufig ergriffen: die *Nacht des Glaubens*. Sie meint nicht einfachhin, daß der Glaube Nacht aushalten muß. Sie meint, ein Brett religiöser Sicherheit unter den Füßen wegziehend: *Der Glaube erzeugt Nacht.* Denn er stellt Wahrheiten vor, «die über jedes natürliche Licht erhaben sind und allen menschlichen Verstand ohne jedes Verhältnis überragen. Daher kommt es, daß dies überhelle Licht, das der Seele im Glauben zuteil wird, für sie dunkle Finsternis ist, denn das Größere beraubt und überwindet das Geringere.»[22] In diesem Glauben wird nicht mehr an etwas oder an jemanden geglaubt im Habitus eines Gegen-Standes, der notwendig an mir sein Maß nimmt, von mir gefaßt wird. Der Glaube ist fassungslos, «für die Seele völlig dunkle Nacht».[23] *Glaube ist der Zustand des Verlustes.* Verlust der eigenen Maßstäblichkeit, weit über allen Bilderverlust hinaus, Umschlag des Ergreifens in ein Ergriffenwerden, Aushalten eines Abstandes zu Gott, den man selbst nicht mehr überbrückt. Dies enthält eine abgründige Widerlegung der Religionskritik des 19. Jahrhunderts: Gott sei die angenehme oder auch betrügerische Superprojektion der eigenen Seele. Das Christentum geriet längst vorher aus Erfahrung in eine Entblößung, wohin die Religionskritik gar nie geriet – den Verlust kritischer Potenz in dieser Tiefe hat sie nie riskiert. «Stützt sie [die Seele] sich noch auf ihre eigenen Kräfte, so bereitet sie sich nur Schwierigkeiten und Hindernisse. Für ihr Ziel ist das Verlassen des eigenen Weges gleichbedeutend mit dem Betreten des wahren Weges. Ja, ‹das Streben zum Ziel und das Aufgeben seiner eigenen Art ist schon das Ankommen *an jenem Ziel*, das keine Art hat: d.i. Gott. ...sie besitzt jetzt alle Arten zugleich, wie einer, der nichts hat und doch alles hat.›»[24]

In dieser weiselosen Fülle des Ganzen sind die seelisch-selbsterstellten und die rational-begrenzten Gottesbilder aufgehoben, von der Wirklichkeit überholt. Geist, der seine eigenen Markierungen übersteigt – dahin sind Weg und Bewegung zu lesen, nicht unterhalb dieses Anspruchs.

Denn in diese Leere hinein erfolgt unmittelbar die Mitteilung Gottes selbst, ohne alle verengende, verkleinernde Eigentätigkeit des Menschen. Das Dunkel entbindet ihn zu einer Vereinigung, die dem hellen, in sich eingewurzelten Selbst undenkbar, unmöglich, vielleicht unsinnig vorkommt. Das Nichts des einzelnen (der einzelnen Erkenntnis, des einzelnen Bildes) ist sofort die große Bereitschaft für alles. Nur die tiefe, schreckliche und überaus schmerzliche Zerstörung der natürlichen Erkenntniskraft[25] macht sofort gesund. So gesund, daß genau jetzt die «erhabenen, fremdartigen Berührungen der göttlichen Liebe»[26] empfunden werden. So ursprünglich, daß alles Verlorene restlos, aber neu zurückkommt. «Dies erscheint nun der Seele so fremdartig und so verschieden von jeder menschlichen Auffassungsweise, daß sie ganz außer sich gerät. Manchmal meint sie, verzaubert oder in Verzückung zu sein, sie staunt über die Dinge, die sie sieht oder hört; sie kommen ihr ganz fremd und ungewöhnlich vor, obwohl es dieselben sind, mit denen sie gewöhnlich zu tun hat.»[27] Diese Wiedergeburt fällt genau mit dem Untergang des Natürlichen (der Bildkraft, des Verstandes, des Willens) zusammen – und darin liegt das Paradox. Was Trockenheit, Dunkel, Verlorensein, Leiden heißt, heißt, ganz unten angekommen oder am Boden der Entbehrung aufgeschlagen: Geborgenheit, Läuterung, Kraft, Begegnung. Gefaßt ist diese unglaubliche Spannung (unglaublich von außen gesehen) in der wunderbaren Wendung: «Im Dunkel wohl geborgen.»[28] Die beiden Seiten der Spannung sind beide ernst zu nehmen, sie schwächen sich nicht aneinander ab. Das Dunkel gilt in seiner Bedrohung, die Bergung gilt in ihrer Seligkeit. Beide vermischen sich nicht, sie gehören aber zueinander, man kann sogar sagen: Sie steigern sich aneinander.

In solchen Texten kommt anderes zum Ausdruck als der von mir bestellte, aufgestellte Gott. Noch einmal: bis dahin hat sich die Religionskritik gar nie vorgewagt. So sehr sich Gott der Bilder seiner eigenen Schöpfung bedient, so sehr ist er noch einmal das *excessivum*, alle Bilder sprengend, die eigene Schöpfung sprengend. Und das Erstaunliche ist, daß der den Bildern so vertrauende Mensch das heimatliche Haus trotzdem verläßt, verlassen will, wenn der Unvertraute sich wirklich meldet. Daß die in Bildern sprechende Seele ihre Bilder selbst willig durchkreuzen läßt, wenn in der Leere Freiheit und Fülle warten. «Dabei ist zu bedenken, daß die Eigentätigkeit der Seele augenscheinlich immer mehr abnimmt, je mehr sie sich dem Innersten nähert: Und wenn sie hier angelangt ist, wirkt Gott alles in ihr, sie hat nichts mehr zu tun, sondern nur noch in Empfang zu nehmen.

Doch gerade in diesem In-Empfang-Nehmen kommt der Anteil ihrer Freiheit zum Ausdruck. Darüber hinaus greift aber die Freiheit an noch viel entscheidenderer Stelle ein: Gott wirkt nur darum hier alles, weil sich die Seele Ihm völlig übergibt. Und diese Übergabe ist die höchste Tat ihrer Freiheit.»[29]

Die Bilder für den Bildfreien sind notwendig. Aber das Schöne ist, daß sie vor der Wirklichkeit verblassen, besser gesagt: in den Flammen dieser Wirklichkeit ihre letzte Durchsichtigkeit erhalten.

Endnoten

Christentum mit und ohne Kultur?
Offene Aufgabenfelder für das 21. Jahrhundert

1 Zu Erasmus und Camerarius vgl. Hanna-Barbara Gerl, Einführung in die Philosophie der Renaissance, Darmstadt 1989, Kap. VIII, 3: Vom Tier zum Gott: Der neue Ernst der (Selbst-)Bildung, 163 ff.
2 James Stephens, Fionn der Held und andere irische Sagen und Märchen, übers. v. I. F. Görres, Freiburg 1936, 14.
3 H. G. Wells, Die Geschichte unserer Welt, Berlin/Wien/Leipzig 1932, 103 f.
4 Arnold J. Toynbee, Civilization on Trial, London 1946, [5]1957, 228 ff.
5 Ebd., 236 f.
6 Ebd., 238.
7 Theodor Haecker, Prolog, in: Christentum und Kultur, München/Kempten 1927, [2]1946, 14 ff.
8 Ebd., 47.
9 Reinhold Schneider, Der Dichter vor der heraufziehenden Zeit, Freiburg 1947, 23.
10 Theodor Haecker, Christentum und Kultur (Anm. 7), 60.
11 Ebd., 64.
12 Johann Baptist Metz, Zur Rettung der Vernunft, in: Süddeutsche Zeitung Nr. 248, 27./28. 10. 1990, Feuilleton-Beilage.
13 Peter Sloterdijk, Eurotaoismus. Zur Kritik der politischen Kinetik, Frankfurt 1988.
14 Martin Heidegger, Erhart Kästner zum Gedächtnis (1975), in: Heidegger, Denkerfahrungen 1910–1976, Frankfurt 1983, 185.

15 Romano Guardini, Freiheit, Gnade, Schicksal. Drei Kapitel zur Deutung des Daseins, München 1948, 157.
16 Toynbee (Anm. 4), 225.
17 Jacques Prévert, Unter dem Pflug, in: La Pluie et le Beau Temps.

Und trotzdem. Warum ich als Frau in der Kirche bleibe

1 Carl Andresen, Logos und Nomos. Die Polemik des Celsus wider das Christentum, Berlin 1955, 174.
2 S. die vorzügliche Dokumentation von Rudolf Zwank, in: Wolfgang Beinert (Hg.), Frauenbefreiung und Kirche, Regensburg 1987, 99–296.
3 Vgl. die Studie von Verena Borsinger, Die Rechtsstellung der Frau in der Kirche, Leipzig 1931. Lesenswertes zum damaligen Stand der Frauenfrage hat Edith Stein in ihren Vorträgen von 1928–1932 beigetragen; vgl. die neu zugänglich gemachte Auswahl: E. Stein, Keine Frau ist ja nur Frau. Texte zur Frauenfrage. Hg. u. eingel. v. Hanna-Barbara Gerl, Freiburg 1989.
4 Ausführlicheres bei Joan Bamberger, The Myth of Matriarchy: Why Men Rule in Primitive Society, in: M. Z. Rosalco/L. Lamphere (Hg.), Women, Culture, and Society, Stanford 1974, 263–280. Vgl. auch Hanna-Barbara Gerl, Die bekannte Unbekannte. Frauen-Bilder in der Kultur- und Geistesgeschichte, Mainz [2]1989, bes. 20–23.
5 Reiner Kunze, pfarrhaus (1968). für pfarrer W., in: zimmerlautstärke. gedichte, Frankfurt [8]1982, 41.
6 Augustinus, Enarrationes in Psalmos (Psalm 44), PL 36, 509.
7 Hans Urs von Balthasar, Klarstellungen. Zur Prüfung der Geister, Freiburg 1971, 98.
8 Ebd., 98f.
9 Dazu die immer noch großartigen Ausführungen Romano Guardinis, Vom Sinn der Kirche. Fünf Vorträge (1922), Mainz [5]1990.
10 Reiner Kunze, eines jeden einziges leben. gedichte, Frankfurt 1986.

Wohin sollen wir gehen?
Immer weiter: Zur Frauenfrage in der Kirche

1 Vgl. in diesem Buch: Nach dem «Jahrhundert der Wölfe». Am Horizont: Künftige Werte.
2 Die Enzyklika *Mulieris dignitatem* hat diese Lesarten bestätigt und ihre Bedeutung für das Bild Gottes wie des Menschen betont.
3 A. Kalsbach, Die altkirchliche Einrichtung der Diakonissen bis zu ihrem Erlöschen, Freiburg 1926. – Aimé-Georges Martimort, Les Diaconisses, Rom 1982.
4 Beschluß: «Die pastoralen Dienste in der Gemeinde» 4.2.
5 Christ in der Gegenwart 91/14 vom 7.4. 1991.

Sie der Efeu, er die Eiche?
Frauenbilder – Männerbilder der letzten 200 Jahre

1 Zit. nach L. Fertig, Zeitgeist und Erziehungskunst. Eine Einführung in die Kulturgeschichte der Erziehung in Deutschland von 1600–1900, Darmstadt 1984, 174f.
2 Vgl. Hannelore Schröder (Hg.), Die Frau ist frei geboren. Texte zur Frauenemanzipation. Bd. I: 1789–1870, München 1987.
3 Vgl. Sarah B. Pomeroy, Frauenleben im klassischen Altertum, Stuttgart 1985.
4 Vgl. die sorgfältige Analyse bei Susanne Heine, Frauen der frühen Christenheit. Zur historischen Kritik einer feministischen Theologie, Göttingen ^{2}1987.
5 Vgl. Anton Vögtle, Die Dynamik des Anfangs. Leben und Fragen der jungen Kirche, Freiburg 1988; ebd., 136–166: Frauen und ekklesiale Funktionen.
6 Edith Ennen, Die Frau im Mittelalter. Eine Forschungsaufgabe unserer Tage, in: Kurtrierisches Jahrbuch 1981, 70f.: «Ihr Leben und ihre Geschlechtsehre waren durch strenge Gesetze geschützt. Allerdings war sie... rechtlich handlungsunfähig; das bedeutete, daß sie sich vor Gericht nicht selbst vertreten konnte... Die Frau war Herrin des Hauses. Sie wird über Fahrnis – die sogenannte Gerade – verfügungsberechtigt. Das Wit-

tum wird bald nicht mehr den Brauteltern geschuldet, sondern dient zur Witwenversorgung. Das Eherecht wird durch die christliche Lehre umgestaltet. Im kirchlichen Rechtssatz ‹*consensus facit nuptias*› war die persönliche Gleichberechtigung von Mann und Frau wenigstens angelegt. Die Weistümer des späteren Mittelalters sprechen der schwangeren Frau, und zwar gerade der hörigen Bauersfrau, rechtliche Vorteile zu: Die Schwangere darf im fremden Garten oder Weinberg Früchte pflücken, Trauben abschneiden; die strengen Jagd- und Fischereiregale werden um ihretwillen durchbrochen. Die Frau als Kindbetterin genießt Abgabenfreiheit usw. Das sind überaus häufig erwähnte Vergünstigungen. Die Frau durfte zweitens lernen und lehren [in den Frauenklöstern...]. Aber auch in den Städten gab es Mädchenschulen und weibliche Lehrer. Die mittelalterliche Kauffrau konnte ihre Geschäftsbücher führen [z. B. in Köln], die Ehefrau half ihrem Gatten, wenn er auf Handelsreisen oder durch Ratsgeschäfte beansprucht war, bei der Führung der Bücher [z. B. in Regensburg].»

7 Die im Folgenden angeführten Namen der Querelle sind dokumentiert bei Elisabeth Gössmann, Archiv für philosophie- und theologiegeschichtliche Frauenforschung, 4 Bde., München 1986ff.

8 A 49.

9 A 80.

10 A 55.

11 A 77.

12 A 74.

13 Schillers *«Über Anmut und Würde»* von 1793 versucht in der Nachfolge Kants, dessen Trennung der weiblichen und männlichen Eigenschaften zu überbrücken.

14 Jean Paul, Titan. Dritte Jobelperiode. Jean Pauls Werke II, München 1969, 130.

15 Ebd., 133.

16 Der Bosheit halber sei das Zitat fortgesetzt: «Dann muß besagtes Fräulein des Dichters Lieder singen nach der Melodie, die ihm [dem Fräulein] selbst aus dem Herzen geströmt, augenblicklich aber davon krank werden und selbst auch wohl Verse

machen, sich aber sehr schämen, wenn es herauskommt, ungeachtet die Dame dem Dichter ihre Verse auf sehr feinem wohlriechenden Papier, mit zarten Buchstaben geschrieben, selbst in die Hände spielte, der dann auch seinerseits vor Entzücken darüber erkrankt, welches ihm gar nicht zu verdenken ist. Es gibt poetische Aszetiker, die noch weiter gehen und es aller weiblichen Zartheit entgegen finden, daß ein Mädchen lachen, essen und trinken und sich zierlich nach der Mode kleiden sollte. Sie gleichen beinahe dem heiligen Hieronymus, der den Jungfrauen verbietet, Ohrgehänge zu tragen und Fische zu essen. Sie sollen, so gebietet der Heilige, nur etwas zubereitetes Gras genießen, beständig hungrig sein, ohne es zu fühlen, sich in grobe, schlecht genähte Kleider hüllen, die ihren Wuchs verbergen, vorzüglich aber eine Person zur Gefährtin wählen, die ernsthaft, bleich, traurig und etwas schmutzig ist!» E.T.A. Hoffmann, Klein Zaches, genannt Zinnober, in: Märchen, hg. v. Werner Bergengruen, Wien 1947, 172f.

17 Sechstes Buch: Bekenntnisse einer schönen Seele, in: J.W. v. Goethe, Werke. Hamburger Ausgabe, 1982, VII, 366.

18 Ebd., 372.

19 § 161.

20 § 166.

21 Ebd.

22 Ebd.

23 II, 3. Abschnitt, 2. Kap., 2.a.

24 Carola Stern, «Ich möchte mir Flügel wünschen». Das Leben der Dorothea Schlegel, Reinbek 1990.

25 Vgl. die wertvollen Einzelstudien bei: Gisela Brinker-Gabler (Hg.), Deutsche Literatur von Frauen, 2 Bde., München 1988.

26 München 1972, 471.

27 Also sprach Zarathustra, Stuttgart, Kröner-Ausgabe 75, 60f.

28 Unschuld des Werdens I, Kröner-Ausgabe 82, 313.

29 Zarathustra, Kröner-Ausgabe 75, 71.

30 Jenseits von Gut und Böse, Kröner-Ausgabe 76, 87.

31 Ebd., 166.

32 Menschliches, Allzumenschliches II, Kröner-Ausgabe 72, 126.

33 Unschuld des Werdens I, Kröner-Ausgabe 82, 317f.

34 Sören Kierkegaard, Die Wiederholung, in: Die Krankheit zum Tode und anderes, München 1976, 428f.
35 Lou Andreas-Salomé, Lebensrückblick, Frankfurt 1977.
36 Zitiert nach: Teilhard de Chardin, Briefe an Frauen, hg. v. Günther Schiwy, Freiburg 1987, 23. – Vgl. M. Magdalena Stoltz, Zum «Ewig-Weiblichen» bei Teilhard de Chardin und Goethe, in: Acta Teilhardiana 8, 2 (1971), 49–84.
37 Gertrud von Le Fort, Die ewige Frau, München 1963, 48f.
38 Ebd. (Ausgabe München 1949), 62f.
39 Edith Stein, Die Frau. Ihre Aufgabe nach Natur und Gnade. ESW V, Louvain/Freiburg 1959, 51.
40 Ebd., 52.
41 Ebd., 49.
42 Diskussion zum Vortrag von Dr. Edith Stein, «Grundlagen der Frauenbildung», am 9. November 1930. Manuskript im Archiv des Katholischen Deutschen Frauenbundes Köln, 10.
43 Brief vom 2. 10. 1961 an Hildegard Deppisch, München.
44 Edith Stein, Keine Frau ist ja nur Frau. Texte zur Frauenfrage, hg. und eingeleitet von Hanna-Barbara Gerl, Freiburg 1989.
45 Martin Heidegger, Die Zeit des Weltbildes, in: Holzwege, Frankfurt [5]1972, 103.
46 Luce Irigaray, Die Zeit der Differenz. Für eine friedliche Revolution, Frankfurt 1991.

Ja und Nein zusammen. Geschlecht und Verzicht, oder: Gegen das Selbstmitleid mancher Kleriker

1 Paul Claudel in Erinnerung an Laotse, in: Klara Marie Faßbinder (Hg.), Passion und Ostern bei Paul Claudel, München 1966, 16.
2 Friedrich Nietzsche, Also sprach Zarathustra, WW XIII, 50.
3 Robert L. Wilken, Die frühen Christen. Wie die Römer sie sahen, Graz/Wien/Köln 1986, 32–35, gibt Berichte über die kultische Promiskuität gnostischer und christlicher Sekten der ersten Jahrhunderte wieder. Auch wenn es sich um Übertreibungen und Verleumdungen handeln sollte, die der heidnischen Praxis selbst entnommen waren, so scheint doch ein gewisser

Usus der Zeit und des Pöbels darin auf, den die philosophischen Schulen verachteten.

4 Zitiert nach der Erstveröffentlichung in: Deutsche Tagespost vom 1. X. 1988, 18.

5 Ida F. Görres, Nocturnen. Tagebuch und Aufzeichnungen, Frankfurt 1949, 114f. Vgl. 116f.: «Die leibliche Verbindung als Ausdruck und Vollzug der Verbindung von Person mit Person scheint mir aber auch erst der christlichen Einsicht zugänglich zu sein: vorher ist sie, auch in der Ehe, nur Verbundenheit in der Gattung; unter-, oder meinetwegen auch überpersönlich als Verbindung zweier Familien, Namen, Besitzungen, Dynastien, Länder; unpersönlich, gesichtslos, anonym, soweit *nur* Gattung und Geschlecht einander sucht und findet; aber, sobald die Personen einander suchen, finden und ‹erkennen›, ist es, weil die einzige *totale* Verbindung durch *alle* Bezirke menschlichen Wesens hindurch, realisiert in der Seele *und* im Fleisch, ‹leibhaftig›: eben doch das *einzige* Gleichnis und Abbild der totalen Hingabe an Gott, den wir lieben sollen ‹aus deinem ganzen Herzen, aus deiner ganzen Seele, aus deinem ganzen Gemüt und aus allen deinen Kräften›. Eheliche Hingabe – die ja auch in der zeitlichen Dimension ‹total› ist, einmalig und unauflöslich – scheint darum das einzige vollkommene Symbol für die Hingabe an Gott zu sein. [...] Von diesen Bezügen *können* freilich die heidnischen Kulte schlechthin nichts wissen, da ihnen sowohl das Personwesen der Seele wie auch ein Gott, der totale und ewige Hingabe ermöglicht und fordert, verborgen war und ist: daraus folgt wohl, daß *ihre* religiöse Symbolik oder ihr religiöser Bezug ein gänzlich andrer, auf viel niedrigerer Stufe sein muß.»

6 Hildegard von Bingen, Heilkunde, hg. v. Heinrich Schipperges, Salzburg 1957, 37: *«opus alterum per alterum [...] in uno opere unum operantur»*.

7 Paradieseshymnen XIII,5, zit. nach: Margot Schmidt, Alttestamentliche Typologien in den Paradieseshymnen von Ephräm dem Syrer, in: Franz Link (Hg.), Paradeigmata. Literarische Typologie des Alten Testaments. I: Von den Anfängen bis zum 19. Jahrhundert, Berlin 1989, 57. Ebd.: *regio dissimilitudinis* dient auch bei Plotin und Augustinus als Umschreibung für den

Zustand der Unwahrheit und Sünde, der den Menschen von Gott entfernt. Ebd., 58: «Und wer sollte nicht darüber weinen, daß Gefallen fanden die Könige an der Knechtschaft, die Freigeborenen an der Sklaverei», wo «sein Bild», das Bild Gottes, im Menschen versklavt und gefesselt war (Ephräm XIII,4). – Ebd., 59: «Leicht ist das zu erkennen, daß es die Menschen sind, die die Geschöpfe häßlich machen; sich selber verunstaltend verunstalten sie auch die Geschöpfe. – Das Fleisch opferten und entstellten sie, die Ehe befleckten und trennten sie. – Das Gold haben sie an (mit?) ihren Götzenbildern häßlich gemacht. – Durch den schönen Baum also ist [auch] Adam häßlich geworden; – auch er hat die Frucht verunstaltet, die man [fälschlich] für schädlich hielt.» (Ephräm XV,11)
Weiterführende Literatur: Hans Urs von Balthasar, Die drei evangelischen Räte, in: Balthasar, Klarstellungen. Zur Prüfung der Geister, Freiburg 1971, 125–134. Manfred Scheuer, Die evangelischen Räte. Strukturprinzip systematischer Theologie, Würzburg 1990.

8 Buch der Sprüche 27,19.

9 J. W. v. Goethe, Die Wahlverwandtschaften.

10 Ernst Bloch, Das Prinzip Hoffnung, Frankfurt [8]1982, I, 380.

«Schafft alle Dinge weg, damit ich sehe.»
Unverzichtbar, aber vorläufig: Die Gottesbilder

1 Die folgenden Überlegungen sind angeregt durch den Aufsatz von Aidan Nichols O.P., Israels Bilder. Alttestamentliche Prolegomena zu einer Christologie des Bildes, Erstdruck 1980, Nachdruck in: Internationale katholische Zeitschrift 18, 6 (1989), 533–549.

2 Ebd., 543; der Text wird «Sichemitischer Dodekalog» genannt im Unterschied zum Dekalog des Moses.

3 Ebd., 537f.; Nichols bezieht sich auf die Forschungen von J. Hehn, Zum Terminus ‹Bild Gottes›, in: Festschrift Eduard Sachau, Berlin 1918, 36–52.

4 Ebd., 538.

5 Ebd., 534; Nichols bezieht sich hier auf U. Mauser, Gottesbild und Menschwerdung, Tübingen 1971.
6 Augustinus, In Psalmos 134,6.
7 Hymnen de nativitate 16, 7; zitiert von Wilhelm Nyssen, Zur Herkunft des Bildes im Christentum, in: Internationale katholische Zeitschrift 18, 6 (1989), 550–557; hier: 554.
8 Ebd., 553.
9 Ebd., 557.
10 De divinis nominibus I, 4; zitiert ebd., 557.
11 Pierre Teilhard de Chardin, Lobgesang des Alls, Olten/Freiburg o. J., 51–53.
12 Augustinus, De trinitate 1,1,1.
13 Vgl. zu den biblischen Mutterbildern Gottes im einzelnen H.-B. Gerl, Die bekannte Unbekannte. Frauen-Bilder in der Kultur- und Geistesgeschichte, Mainz [2]1989, Kapitel 9: Gott – Vater und Mutter?
14 Gregor von Nazianz, Oratio 31 (PG 36, 140–146).
15 Ida Friederike Görres, Nocturnen. Tagebücher und Aufzeichnungen, Frankfurt 1949, 117.
16 Romano Guardini, Freiheit – Gnade – Schicksal. Drei Kapitel zur Deutung des Daseins, München 1948, 85.
17 Catech. 6, 2 (PG 33, 542).
18 De trinitate V, 1: «*Si comprehendis, non est Deus.*»
19 De consensu Evang. IV,10,20.
20 In Psalmos 99,5 f.
21 De divinis nominibus II, 9 (PG 3, 674).
22 Edith Stein, Kreuzeswissenschaft. Studie über Johannes a Cruce. ESW I, Freiburg [3]1983, 49 f. (Zitat des Johannes vom Kreuz). Vgl. Hanna-Barbara Gerl, Unerbittliches Licht. Edith Stein – Philosophie, Mystik, Leben, Mainz 1991.
23 Ebd., 50.
24 Ebd., 51 (teils Zitat des Johannes vom Kreuz).
25 Ebd., 114.
26 Ebd., 115 (Zitat des Johannes vom Kreuz).
27 Ebd. (Zitat des Johannes vom Kreuz).
28 Ebd., 123 (Zitat des Johannes vom Kreuz).
29 Ebd., 145.